TOUJOURS VIVANTE

TOUJOURS VIVANTE

SONIA BOVI

AVEC MURIEL HERBERT

Sous la direction de Frédéric Veille

City
Témoignage

Retrouvez tous les titres City Editions :

www.city-editions.com

© City Éditions 2024
Photo de couverture : Estellane photographies
ISBN : 978-2-8246-23702
Code Hachette : 76 5630 0
Collection dirigée par Christian English et Frédéric Thibaud
Catalogues et manuscrits : city-editions.com

Dépôt légal : Juin 2024

Sommaire

À papa et maman, à mes aïeux.

Introduction

Je ne suis pas du style à m'exposer facilement, ni à me livrer ouvertement, mais pour autant, je ne peux continuer à me taire. Parce qu'il est temps que je parle. Pour moi, pour vous.

Un jour, j'ai participé à un séminaire incroyable. Un grand séminaire ! De ceux qui vous font percuter que la vie vaut vraiment la peine d'être vécue, quels que soient les écueils que vous avez rencontrés et les épreuves que vous avez traversées.

C'était la joie et l'euphorie chez tous les participants.

Nous étions sur un petit nuage.

Et à cette occasion, j'ai eu cette discussion avec l'une des personnes présentes.

Olivier. Je m'en souviens très bien. Nous avons longuement discuté. Je lui ai expliqué que j'avais surmonté quatre burn-out. Oui, quatre !

Cette fabuleuse personne, que le burn-out était en train de dévorer à son tour, m'a alors dit que je tenais là un vrai sujet. Pour un livre. Et elle avait raison. D'autant que dans la cuisine, mon domaine, le burn-out est monnaie courante.

Que dis-je, monnaie courante ? Il touchera, j'en suis intimement convaincue, toutes les personnes qui travaillent dans la restauration et se donnent à fond.

Comme moi ! Mais oserai-je prononcer le vrai mot ?

Le burn-out en cuisine est quelque chose de tabou. Cela ne se dit pas. Pire, cela se cache !

La cuisine, c'est l'excellence. Oui. Mais vous avez entre les mains le livre d'une adepte de la franchise. Et, non, tout n'est pas toujours tout rose dans l'univers de la restauration !

1

Ma crème anglaise

C'est à l'âge de 26 ans que j'ai intégré l'école hôtelière d'Avignon. Dès mes 15 ans j'ai été attirée par la profession de chef de cuisine, mais ma mère préférait que je suive des études supérieures. À cette époque, on suivait la voie que nos parents traçaient pour nous.

Après mon bac, j'ai donc entamé un cursus en psychologie à la faculté d'Aix-en-Provence. Je ne regrette pas ces années et je ne les considère pas comme une perte de temps car elles m'ont beaucoup appris sur la psychologie humaine. Elles m'ont servi et me servent encore à mieux comprendre les autres, les croyances limitantes et les processus de défense. Ce fut un parcours très enrichissant.

Mais au fond de moi, je savais déjà que j'étais destinée à tout autre chose…

Après le divorce de mes parents, j'ai dû remplacer la *mamma* à la maison. Culture italienne oblige, mon père ne cuisinait pas. Et il ne remplissait pas plus le frigo ou les placards. Par conséquent, du haut de mes 15 ans, j'ai dû cuisiner pour mon père et mon petit frère et bien souvent avec les moyens du bord, c'est-à-dire pas grand-chose !

Je me souviens que je préparais du maïs grillé pour mon petit frère. Une petite recette toute simple : je faisais revenir une boîte de maïs dans une poêle. Il adorait ça et s'en souvient encore aujourd'hui !

La première vraie recette que j'ai tenté d'exécuter fut une crème anglaise. Ce jour-là j'étais seule à la maison, comme souvent pendant mon adolescence. J'ai pris et feuilleté un livre de cuisine qui traînait et comme j'avais faim et que j'avais envie de goûter, j'ai décidé de me lancer dans cette recette de crème anglaise. Au vu des ingrédients nécessaires, des œufs, du lait, du sucre et de la vanille, rien de bien compliqué *a priori*.

Évidemment, je l'ai ratée ! Réussir une crème anglaise n'est finalement pas si facile. Il faut prendre le temps, et surtout ne pas faire bouillir la préparation. Elle ne doit pas dépasser les 80 °C, si vous ne voulez pas vous retrouver avec une sorte de liquide grumeleux peu appétissant. Il faut ensuite la laisser refroidir afin d'obtenir une crème bien onctueuse. Mais tout cela n'est pas spécifié dans l'énoncé de la recette, qui donne les ingrédients et leur quantité mais pas la technique.

J'ai donc raté cette recette en beauté et je me suis retrouvée avec des œufs brouillés. Immangeables ! Quelle déception, quelle frustration ! Vous imaginez ? Moi qui n'aime pas l'échec et qui ne me fie qu'à mon jugement, je me retrouvais désarmée face à cette incompréhension. Mais pourquoi cela n'avait pas fonctionné ? J'avais pourtant mis tous les ingrédients demandés et suivi scrupuleusement la recette. Alors pourquoi l'avais-je ratée ? Pourquoi ??

Cette recette de crème anglaise ratée et le sentiment d'échec qu'elle avait provoqué en moi furent un déclic. Un jour, je serais cuisinière, et pourquoi pas, cheffe de cuisine ! Je saurais dompter ces œufs, ce sucre, cette vanille et ce lait ! Je saurais les mélanger pour en faire la meilleure crème anglaise qu'on ait jamais goûtée ! Je saurais exécuter parfaitement cette recette pour me rassasier quand j'aurais faim !

En attendant, je venais de rater lamentablement la crème anglaise et j'avais toujours faim. J'étais à la fois déçue et frustrée. Je n'ai jamais oublié cet échec. Il définit bien la personne que je suis. Je ne renonce pas. Jamais.

Mais revenons-en à ce qui m'a amenée à la cuisine. J'ai toujours travaillé pour subvenir à mes besoins d'étudiante et la restauration, qu'il s'agisse de fast-foods ou de restaurants classiques, offre des possibilités d'embauche simples et adaptées aux jeunes qui suivent des études. Mes semaines étaient consacrées aux cours, mes week-ends et mes vacances au boulot en cuisine, à la plonge ou au service en salle.

C'est ainsi que je fis mes premiers pas dans cet univers qui me faisait déjà rêver. Mais ce fut également le début d'un rythme de vie effréné dont je ne sortirais pas indemne…

J'aimais l'ambiance dans les cuisines, ce grand « bordel » organisé, le bruit des couteaux sur les planches à découper, les collègues serveurs qui couraient en tous sens pour servir des clients toujours pressés et, déjà, mon cerveau captait l'odeur des plats qui mijotaient ou le visuel des assiettes qui attendaient d'être servies.

J'aimais les montées d'adrénaline lors du coup de feu de midi, et le ballet incessant des clients qui allaient et venaient : service du midi, snacking l'après-midi, service du soir, soirées musicales…

Pour moi qui avais souffert de solitude toute mon enfance, ce rythme endiablé et le mouvement perpétuel dans les cuisines m'enchantaient ! Et tout cela collait alors parfaitement à ma personnalité : j'aime quand les choses bougent, quand il y a du mouvement, quand ça va vite !

Plus tard, cette cadence infernale me ferait perdre pied… À l'époque j'enchaînais les services et les soirées avec les collègues, les nuits blanches en discothèque, avant de reprendre le chemin des cours le lendemain à 9 heures. Mais j'étais jeune, rien ne pouvait m'arrêter, j'évoluais dans une ambiance conviviale et chaleureuse. Je vivais ma vie à fond la caisse ! Et aller au travail était déjà une passion, pas une corvée.

De petit boulot en petit boulot, toujours dans la restauration, je décidai, après mon année de maîtrise en psychologie, de faire de la restauration mon vrai métier. La psychologie m'intéressait, certes, mais il semblerait bien que je sois toute petite tombée dans la marmite de la gastronomie tout comme Obélix dans celle de la potion magique, les kilos en moins !

Et c'est ainsi qu'à l'âge de 26 ans j'ai intégré l'école hôtelière d'Avignon. À compter de ce jour, mon rêve fut d'ouvrir un restaurant et d'être mon propre patron. L'une de mes qualités étant que je vais toujours au bout de ce que j'ai décidé de faire, j'ai tout mis en œuvre et travaillé d'arrache-pied durant des années pour atteindre mon objectif.

Ce jour arriva enfin. En février 2020, avec Virginie, mon ex-femme, nous avons conclu l'achat de notre premier restaurant. Il m'a fallu presque vingt ans pour réaliser mon rêve, mais j'y suis arrivée ! Je vous l'ai dit, je ne renonce jamais.

Février 2020… une date qui vous parle probablement, puisque c'est l'arrivée du Covid-19 dans notre pays et du grand bouleversement que cette épidémie allait entraîner.

Vous voyez la catastrophe arriver ?

Nous avions prévu l'inauguration de notre restaurant le 19 mars 2020. Tout était prêt, ou presque.

Nous étions folles de joie à l'idée de recevoir nos premiers clients ! L'ouverture de notre établissement venait couronner et récompenser des années de travail acharné…

Coup de massue, la nouvelle est tombée le 16 mars, trois jours avant notre date d'ouverture : la France entière était confinée… Quel choc psychologique ! Mon rêve allait-il devenir cauchemar ? Nous n'avions pas de trésorerie, nous avions mis toutes nos économies dans notre restaurant et jusqu'en décembre 2020 nous n'avons pas eu d'aides gouvernementales. Voilà près de vingt ans que j'attendais ce moment magique et je n'allais pas pouvoir ouvrir mon restaurant à cause d'une pandémie ! Cauchemar en cuisine ! Pangolin, si je t'attrape, tu finiras dans ma marmite !

Mais je n'allais pas me laisser abattre pour autant. Il faudrait bien plus qu'un virus, si dangereux et contagieux soit-il, pour m'arrêter ! J'en avais déjà subi, des épreuves, dans ma vie, mais j'ai toujours été combative et la résilience est un mot que je connais bien.

Un nouveau combat à mener ? Pas de problème, j'allais assurer. Rien ne m'empêcherait d'ouvrir mon restaurant, même si pour cela je devais attendre quelques mois et retrouver du travail.

Afin de faire rentrer un salaire et de l'argent pour mon entreprise j'ai aussitôt trouvé du boulot pour l'association « Bienvenue à la ferme ». Je confectionnais des paniers de fruits et légumes qui étaient livrés chez les particuliers.

Cette expérience fut très enrichissante car elle m'a permis de faire la connaissance de nombreux producteurs locaux qui s'inscrivent dans la même démarche que moi. Vous voyez, il y a toujours moyen de sortir du positif des situations négatives que l'on peut rencontrer.

Pour ne pas devoir fermer notre établissement avant même qu'il ait eu le temps d'ouvrir, nous avons pu faire un PGE (prêt garanti par l'État). Nous nous sommes rendettées, c'est vrai, mais il était hors de question que je rende mon tablier avant même qu'il ait servi ! Bien décidées à nous en sortir, dès mai 2020, nous avons commencé la vente à emporter. Je pouvais enfin me remettre à cuisiner. Et ce fut un succès ! Je vous l'ai dit, rien ne pouvait m'arrêter.

Lors du second confinement, nous avons complété la vente à emporter par la livraison de repas à domicile. Dans notre village perché du Luberon, le pari était osé, mais j'avais le feu sacré.

Et, une fois encore, parce que nous n'avons jamais baissé les bras, parce que notre énergie et notre envie de réussir ne nous ont jamais quittées, nous avons gagné notre pari. Vente à emporter et livraison de repas à domicile nous ont permis de nous faire connaître, d'abord à Bonnieux, puis dans les villages alentour.

Trois ans plus tard, mon restaurant a été reconnu par le célèbre Gault et Millau régional. Je sais, c'est incroyable, mais vrai. Et je dois avouer que j'en suis très fière ! Je me suis battue pour construire tout ce que j'ai aujourd'hui, et ce n'est pas fini. Aussi, je me rends de plus en plus visible pour accompagner tout cela. Ça, et puis aussi l'ouverture de mon deuxième restaurant.

Et avec la visibilité que je me dois d'assurer, je me sens le devoir de parler de ce mal qui se cache dans les coulisses de la restauration et dont personne n'ose prononcer le nom : le burn-out.

Il est temps que quelqu'un en parle, non ?

J'ai toute légitimité pour évoquer ce sujet que je maîtrise malheureusement plutôt bien, puisque je l'ai vécu. Et pas qu'une fois ! J'ai connu quatre burn-out. Joli score, non ? Et je vous avoue que je m'en serais bien passée.

Si le premier burn-out se produisit lorsque j'étais étudiante en psychologie, les autres me tombèrent dessus alors que j'exerçais ma profession passion, la cuisine.

Ces quatre burn-out, je ne les cache pas car ils ont participé à faire de moi la Sonia que je suis aujourd'hui. Oui, il aura fallu ces quatre effondrements de tout mon être et une maladie auto-immune pour que je comprenne que je souffrais, entre autres choses, d'addiction au travail.

Ces signaux d'alarme m'ont amenée à mettre en place un système de vie beaucoup plus équilibré, qui me permette d'allier ma passion, l'art de la cuisine, et une vie familiale et sociale épanouissante.

Comment expliquer que j'aie trébuché et que je sois tombée autant de fois sans remonter à mon enfance et à mes relations avec mes parents ? Rassurez-vous, je n'ai pas l'intention de faire pleurer dans les chaumières. Mais il faut reconnaître que le passé, surtout s'il est lourd à porter, ce qui est mon cas, impacte grandement votre façon d'aborder la vie, vos choix et votre capacité à encaisser les coups durs…

Alors commençons par un rapide petit retour en arrière pour que vous compreniez qui je suis.

2

Cheffe, oui cheffe !

Je m'appelle Sonia. Sonia Bovi. Je suis, vous l'aurez compris, cheffe de cuisine et gérante de deux restaurants dans le Luberon, en Provence, pays des cigales et de la lavande…

Je suis un petit bout de femme d'1,57 mètre, au caractère bien trempé. On dit de moi que je suis « dure », mais je préfère dire que je suis une personne rigoureuse, ce qui est vrai, mais surtout authentique et bienveillante. Mon caractère fait de moi un vrai leader, qui mène ses restaurants à la réussite malgré la crise du Covid, le confinement, l'inflation, la crise énergétique, la pénurie de main-d'œuvre, le dérèglement climatique, le manque d'eau… Pas ouf comme tableau, je vous l'accorde. Mais je tiens bon !

Ajoutez à ça que j'ai surmonté quatre vrais gros burn-out et vous comprendrez pourquoi je vous dis que je suis un leader. Je ne baisse jamais les bras ! Un psychiatre m'a dit un jour : « On dirait que la vie pour vous est un combat, que vous êtes tout le temps en guerre ! » Je crois bien qu'il n'avait pas tort...

Complétons le tableau : je suis une guerrière ; dans la cour de récréation, on me traitait de « garçon manqué ». Je n'ai pas la langue dans ma poche et je suis peu diplomate. Mais au moins avec moi, vous savez à quoi vous en tenir ! Pas de faux-semblants, pas de filtres, pas de *fakes*. J'allais oublier... Je suis sensible, peut-être même beaucoup trop !

Vous devez savoir aussi que je suis très exigeante envers moi-même. C'est probablement ce qui me définit le mieux lorsque je suis en cuisine. Et vous allez voir que cela va grandement compliquer mon parcours de vie. Tout doit être parfait, toujours. Il est dans ma nature de me surpasser.

Dans ma nature... ou peut-être aussi parce que j'ai été éduquée en ce sens. J'ai reçu une éducation stricte, à la militaire. Dans ma famille la réussite et les résultats scolaires prédominaient sur les émotions, et j'ai reçu bien plus souvent des claques que des encouragements ou des marques d'affection. Je n'avais pas droit à l'échec, je devais faire toujours mieux. Si je rapportais une bonne note à la maison, mon père attendait de moi que la suivante soit encore meilleure. Et même quand la note était parfaite, c'est-à-dire vingt sur vingt, il disait : « La prochaine fois, tu auras vingt et un sur vingt ! », créant ainsi chez moi une course à une perfection illusoire et infinie, générant par là même une insatisfaction chronique.

J'aimais bien aller à l'école, d'abord parce qu'elle me permettait de fuir la maison et d'avoir un semblant de vie sociale. Mon travail à l'école et l'apprentissage étaient un refuge, une bouffée d'oxygène. Tout comme la lecture, qui me permettait de nourrir mon imagination et de développer ma créativité : même si mon être physique était « emprisonné » dans un environnement familial toxique, mon esprit pouvait vagabonder librement.

Mais j'ai toujours été rattrapée par mon niveau d'exigence, largement entretenu, c'est vrai, par l'éducation que j'ai reçue. Il fallait que je fasse mieux, plus, toujours ! Je me suis donc appliquée à faire ce qu'on attendait de moi, et du mieux possible, dans tous les domaines.

D'ailleurs, cela me fait penser que, lorsque j'étais enfant, je jouais à un jeu de société qui s'appelait La Course à la réussite. J'adorais ce jeu dans lequel il fallait choisir une profession et se battre pour atteindre la gloire et la fortune. Il fallait gravir les échelons professionnels pour devenir un super patron, un patron qui réussissait au point de pouvoir s'acheter des bateaux et des voitures de luxe.

Serait-on conditionné dès notre plus jeune âge à cette réussite exclusivement matérialiste ? Mais je digresse…

Oui, la personne exigeante envers elle-même que je suis n'a longtemps pas su dire « stop ». Ni à elle, ni aux autres. Et en prime, j'étais incapable de déléguer et encore moins de lâcher prise !

J'étais convaincue à l'époque que déléguer voulait dire « ne pas y arriver » et demander de l'aide s'apparentait à une forme de faiblesse. Il fallait donc que j'assume mon rôle de cheffe de cuisine, qui est partout et contrôle tout.

Si je ne gérais pas tous les postes en cuisine, plonge, commandes, calcul des coûts des matières, négociation des prix, recrutement du personnel, établissement des cartes, bref, tout ce qui fait tourner un restaurant, alors je me sentais nulle.

Et pas question de lâcher prise ! Ni sur mon ambition, ni sur mon *ego*, ni sur ma course à la réussite et la perfection.

Mon parcours en cuisine fut en fait une course effrénée à toujours mieux faire. Pour moi, pour satisfaire mon *ego* ; pour mes patrons, que je voulais épater, et qui me demandaient l'impossible, rejouant ainsi les scènes inconscientes de mon enfance, en réussissant à préparer des plats gastronomiques dans des établissements qui relevaient plutôt de la brasserie, avec peu de moyens matériels et un nombre impressionnant de couverts.

J'étais sans cesse à me creuser la cervelle et à écumer tous les livres de cuisine qui me tombaient sous la main pour trouver de nouvelles recettes, les plus originales possible, celles qui me permettraient de me distinguer et de sortir du lot.

Je me rappelle mes débuts en cuisine, lorsque j'étais second. J'avais alors un jeu, avec la brigade. Chaque week-end nous devions battre le record du nombre de couverts du week-end précédent. Un challenge à relever ? Pas de problème pour Sonia la guerrière !

Lorsque le challenge était réussi et que nous avions dépassé le nombre de couverts du week-end précédent, nous nous sentions alors les rois du monde. Nous étions puissants, fiers et sûrs de nous. Sans aucun doute pour nous, nous étions les meilleurs et aucun autre restaurant ne pouvait faire mieux que nous.

Nous sortions de ces services intenses, gorgés d'énergie, enthousiastes et prêts à affronter une nouvelle journée, une nouvelle bataille à gagner, un nouveau service à conquérir, de nouveaux clients à séduire.

Et c'est ainsi que, de shoot d'adrénaline en shoot d'adrénaline, de challenges réussis en défis relevés, je nourrissais ma confiance en moi. Je me sentais chaque jour un peu plus sûre de moi, je gagnais de la valeur, ma jauge se remplissait en même temps que le nombre de clients dans le restaurant augmentait… Comme dans les jeux vidéo ! *You win ! Same player play again* (« Vous avez gagné ! Au même joueur de jouer à nouveau »).

Ainsi, de *level* en *level*, je cherchais toujours plus de validation et d'approbation, de la part de mes patrons, de mes clients, pour sentir que j'avais de la valeur et que j'étais légitime à la place que j'occupais.

Mon besoin de reconnaissance, cette reconnaissance dont nous avons tous tant besoin, pour continuer à pratiquer notre profession avec passion, était nourri chaque jour par les compliments des autres. Cette reconnaissance tant attendue me permettait de me sentir mieux dans ma peau. En cuisine, j'étais à ma place, puisqu'on me félicitait pour mon travail.

Mais d'année en année, je me suis perdue dans ce besoin constant de validation des uns et des autres, surtout lorsque je suis tombée sur des patrons abusifs, ce qui fut souvent le cas.

Mais l'école de la vie est ainsi faite : tant que tu ne comprends pas la leçon, elle se charge de te la faire revivre autant de fois que nécessaire. Et enfermée dans ma certitude que la petite Sonia « femme enfant » que j'étais ne valait pas grand-chose, je choisissais de travailler systématiquement pour des patrons qui me faisaient bien sentir que ce que je faisais n'était jamais assez bien…

Mais en parallèle, plus j'évoluais dans le monde de la cuisine, plus je maîtrisais mes connaissances. La Sonia coiffée de la toque prenait le pas sur la Sonia « de tous les jours ». Jusqu'à ce que la Sonia cheffe de cuisine prenne toute la place et devienne véritablement mon identité… Tout comme pour Anakin Skywalker dans *La Guerre des étoiles*, le côté obscur de la force s'empara de moi, de mon âme et de mon cœur… C'est ainsi que, petit à petit, dévorée par ma passion et ma recherche de perfection, j'ai basculé dans l'épuisement professionnel. J'ai endossé totalement le costume noir et j'ai perdu toute notion d'émotions…

Je ne pensais plus qu'à une chose, conquérir mon étoile, que le restaurant où j'étais cheffe de cuisine devienne le meilleur ! Avignon, Biarritz, Annecy ou la Corse, peu importait l'établissement dans lequel je travaillais, mon « Dark Vador personnel » me répétait inlassablement d'être la meilleure des meilleurs !

À ne vivre que par et pour mon boulot, je me suis progressivement coupée de toute vie sociale, des actualités quotidiennes, et même de mes émotions. La tête dans le guidon, je fonçais droit dans le mur sans en avoir aucunement conscience. Seules la réussite et la reconnaissance comptaient.

À quatre reprises je me suis effondrée, mais chaque fois que je parvenais à me relever, mon « Dark Vador » et sa litanie lancinante de réussite me rattrapaient.

Ce surinvestissement professionnel me fit négliger ma vie personnelle. Plus je me remplissais de mon travail, plus je me vidais émotionnellement de qui j'étais vraiment.

Sonia la cheffe de cuisine rigoureuse, ponctuelle, travailleuse, perfectionniste, endurante, exigeante, prenait le pas sur la Sonia « de tous les jours ». *Exit* la petite Sonia insouciante, naïve, drôle, à l'humour décalé, empathique et à l'écoute, fêtarde et croque-la-vie ! Seule restait la Sonia guerrière, toujours en mode compétition et réussite !

Cette perte d'identité véritable a largement contribué à ma perte tout court... Pendant longtemps je n'ai plus su qui j'étais quand je n'avais pas ma toque sur la tête...

Alors j'ai enchaîné les burn-out. Quatre. Triste palmarès que je voudrais vous éviter, si ce n'est pas déjà trop tard... Car je sais que je ne suis pas la seule. Peut-être même êtes-vous en train de vivre un vrai tremblement de terre à l'heure où vous lisez mes lignes.

Peut-être aussi vous reconnaîtrez-vous dans les paragraphes et les pages qui vont suivre. Vous avez le pied au bord du gouffre, mais vous ne le savez pas, vous n'en avez pas encore conscience ?

OK, je vois. Et je vois d'autant mieux que je l'ai personnellement vécu.

La première fois que j'ai fait un burn-out, je n'ai pas du tout compris ce qui m'arrivait. Je ne m'y attendais pas et je n'avais alors aucune clé pour identifier le mal qui me rongeait. Car il s'agit bien d'un mal, qui vous grignote insidieusement.

Avec le recul, je sais aujourd'hui que je me suis peut-être « cramée » dans mes burn-out parce que j'aime la vie et que je veux la vivre à fond. Sans vraiment savoir pourquoi cette crainte ne me lâche pas, j'ai toujours peur que tout s'arrête, comme ça, du jour au lendemain.

Alors je veux que ma vie soit piquante, que chaque

jour soit un émerveillement. C'est sûrement pour cette raison que j'aime les épices, et particulièrement tout ce qui est relevé, le piment, le *ras el-hanout*, la moutarde, le cumin… Ma cuisine est savoureuse, gourmande, généreuse, piquante, étonnante, tout en restant simple. Je la veux à mon image.

Je déteste la platitude, la fadeur, la banalité. J'ai besoin en permanence de créer, d'inventer, d'aller chercher le pourquoi du comment, et ma tête est toujours pleine de questions existentielles.

Mais à trop avoir la fureur de vivre, en mode *carpe diem*, à trop vouloir m'approcher du soleil comme Icare, je me suis brûlé les ailes. Quatre burn-out !

Nous avons tous une histoire, un parcours de vie qui peut laisser des blessures. Nous traînons tous des valises pleines de rancœur et de moments sombres de notre passé. Il est difficile d'« aller toujours bien ». Nous connaissons tous des coups de mou, des petits moments de déprime, à l'approche de l'hiver ou quand des problèmes personnels nous semblent insurmontables.

La vie est ainsi faite. Vous devez composer avec les joies et les peines qui la jalonnent et qui font sa richesse. En temps normal, la balance s'équilibre plutôt bien et, malgré les difficultés, vous vous en sortez. En temps normal. Si vous avez réussi à harmoniser vie personnelle et vie professionnelle. Si vous êtes aligné avec vos valeurs. Si les casseroles que vous traînez ne font pas trop de bruit…

Mais comprenez-moi bien, j'évoque ici le burn-out, le vrai, celui qui va bien au-delà de ce que j'appellerais les aléas de la vie, les hauts et les bas qui jalonnent le parcours de tout individu.

Je vous parle d'un tsunami qui emporte tout sur son passage…

Je vous parle d'un effondrement total de tout votre être…

Je vous parle, en connaissance de cause, d'un mal terrible qui sévit dans l'ombre, qui ne s'avoue pas, qui se cache, honteusement…

3

Les coulisses de la cuisine

Dans le milieu de la restauration, quelle que soit votre fonction, employé ou patron, les conditions de travail vous prédisposent tout particulièrement au risque de burn-out. Que ce soit dans un établissement de renom ou dans un petit restaurant sans prétention, la cadence dans les cuisines est toujours infernale.

Et même si, je dois l'avouer, mon caractère conquérant et mon niveau d'exigence ont fait de moi la candidate idéale au burn-out, il faut reconnaître que le milieu de la cuisine offre un terrain de jeu parfait pour cette maladie professionnelle… qui n'est pas encore reconnue comme telle !

Je sais de quoi je parle. Je l'ai vécue, aussi bien du côté des employés que du côté des patrons. L'univers de la cuisine est passionnant mais il est tout aussi difficile, complexe et impitoyable. Et longtemps, j'ai fait avec. Je n'ai pas voulu voir à quel point il impactait ma vie et ma personnalité. J'ai toujours fait de mon mieux pour répondre à la demande de mes employeurs, c'est vrai, mais aussi pour satisfaire mon propre niveau d'exigence. Et je vous l'ai dit, il est élevé.

La charge de travail est énorme dans la restauration, d'autant plus quand le personnel se fait rare. Et c'est le cas aujourd'hui. Mais pourquoi cette profession peine-t-elle à recruter alors qu'elle fait tant rêver ? Pourquoi un tel mal-être chez ceux qui vouent leur vie à la passion de la cuisine ? Les lignes qui suivent vont certainement vous donner une petite idée de la réponse.

Mes premiers vrais boulots dans la restauration m'ont fait toucher du doigt les aspects les plus sombres de la profession. Quand je dis « toucher du doigt », je suis plutôt *light*, car j'ai été percutée de plein fouet par ce côté obscur des cuisines… sans pour autant que soit écornée la passion qui m'animait et qui m'anime encore aujourd'hui, rassurez-vous !

Cette passion dévorante vous fait travailler sans compter vos heures, bien au-delà de ce que votre corps et votre esprit peuvent endurer. On définit la passion comme un « état intellectuel et affectif irraisonné assez puissant pour dominer la vie mentale », ou encore comme un « sentiment d'attachement puissant et exclusif ». Et c'est exactement ça ! Même au bout du rouleau, vous continuez à répondre aux exigences de votre patron et de vos clients, en essayant de faire de votre mieux, comme toujours.

Votre patron le sait, bien entendu. Il l'a peut-être même vécu et le vit peut-être encore s'il travaille en cuisine. S'il fait partie de ces patrons qui abusent, il utilise votre passion pour vous en demander toujours plus. Sans contrepartie. Ne vous attendez pas à une quelconque reconnaissance de votre investissement sans limite. Il n'y en aura pas. La cuisine est votre passion ? Alors bossez et ne venez pas vous plaindre !

J'ai toujours manqué d'affection dans mon entourage familial, alors j'ai espéré et attendu, dans l'exercice de ma profession, un soutien et des encouragements bienveillants. En vain. C'était même le contraire puisque bien souvent ce que je faisais n'était jamais bien, donc jamais récompensé, ne serait-ce que par une petite phrase ou un mot gentil.

Vous venez d'acquiescer à mes propos sans même vous en rendre compte. Je sens que vous commencez à vous reconnaître… Vous les avez attendus, vous aussi, ce « bravo » ou ce « merci » qui ne sont jamais venus…

Vos heures supplémentaires ne vous sont pas payées, ne sont pas récupérées en jours de RTT, alors que leur nombre défie toutes les conventions collectives et le Code du travail. Et vos jours de repos ne vous sont pas accordés. Restons logiques dans la démarche du toujours plus sans rien en retour ! Je me trompe ?

Lorsque j'ai perdu ma grand-mère, par exemple, je n'ai eu droit qu'à une demi-journée pour assister à son enterrement ; une malheureuse demi-journée pour intégrer le fait que je ne la verrais plus. Coupant court au repas de recueillement avec ma famille, le soir même, je reprenais le travail. Pas le temps de s'apitoyer sur son chagrin. Il n'y a jamais de temps mort en cuisine… Triste jeu de mots, non ? Le côté humain passe à la trappe.

Les quarante heures légales par semaine sont toujours largement dépassées, vous le savez aussi bien que moi, nous tournons plus autour de soixante-dix heures. Le cruel manque de main-d'œuvre n'arrange pas les choses.

Je me souviens d'ailleurs avoir été obligée de signer de « fausses heures » pour que le patron ne soit pas en défaut par rapport à la loi. Mais il ne faut rien dire, pour ne pas aller au clash avec lui et aggraver une situation déjà tendue.

Fatigué ou malade, vous venez quand même au boulot, au risque de contaminer vos collègues si vous avez une grippe ou une gastro et de vous épuiser encore un peu plus. Et n'espérez pas vous mettre en arrêt maladie, on considérera que vous avez pris des jours de vacances et on vous regardera de travers à votre retour.

On joue ouvertement sur le levier de la passion : vous aimez plus que tout votre métier ? Alors vous devez *tout* donner. Tout. Sans compter. Sans vous plaindre. Sans faillir aux tâches que l'on vous confie. Sans exiger que vos droits les plus stricts, inscrits dans les conventions collectives et le Code du travail, soient respectés.

Sans rien attendre en retour. Pas même la reconnaissance ni les encouragements de votre employeur. Et je ne vous parle pas de votre épanouissement personnel. Il a été jeté aux oubliettes, tout comme votre rêve d'exercer chaque jour avec bonheur et sérénité cette profession que vous chérissez. Estimez-vous heureux de travailler en cuisine et contentez-vous de ça !

Je me rappelle ces établissements où j'ai travaillé soixante-dix heures par semaine (non, non, je n'exagère pas, et vous le savez), à la limite de l'épuisement, quand il n'était pas déjà là.

Et malgré la fatigue et les heures qui s'enchaînaient sans pause, il fallait préparer le dernier dessert, attendre le dernier des derniers clients… Tout cela sans la moindre reconnaissance, le moindre remerciement.

Je sais que, tout comme moi, vous avez connu ce moment où vous n'en pouvez plus, quand vos jambes peinent à vous porter et que vos mains tremblent de fatigue, mais vous deviez tenir encore. « Le client est roi », alors il doit être servi coûte que coûte ! Combien de fois ai-je entendu cette foutue phrase dans ma vie ?

Et puis, n'oubliez pas que la cuisine est votre passion, que vous avez la chance inouïe d'exercer la profession dont vous rêviez, alors ne vous plaignez pas ! Ou changez de métier.

L'amplitude entre deux prises de poste est censée être de onze heures, mais elle n'est jamais respectée. Jamais. Comme on dit dans notre jargon, on sait quand on commence, mais on ne sait jamais quand on finit. Malheureusement, même pour la gérante de deux établissements que je suis, cette amplitude entre la veille et le lendemain est difficilement applicable. Ainsi, quand vous êtes client, ne vous offensez pas lorsque nous, patrons de restaurant, nous fermons les cuisines à 21 heures, parfois. Ensuite, il nous faut encore les nettoyer, préparer le planning pour le lendemain, débriefer avec l'équipe, et passer les commandes.

Vous vous couchez donc très tard, vous vous levez très tôt. Vos horaires sont décalés par rapport à ceux de votre famille, de vos amis, de tout votre entourage. Oubliez tout ce qui peut ressembler de près ou de loin à une vie normale.

D'une manière générale, dans la restauration, les conventions collectives et les lois qui protègent les salariés sont bafouées. Que vous ayez pris le temps de les lire ou pas, croyez-moi, elles ne sont ni appliquées ni respectées.

Mais vous ne devez pas vous plaindre, surtout si vous êtes une femme. Pardon ? Oui, oui, et une fois encore, je n'invente rien !

Vous le savez aussi bien que moi, le machisme et le sexisme sont monnaie courante dans les cuisines.

Voilà encore un sujet qu'il ne faut pas aborder… un de plus.

Décidément, l'univers de la restauration garde jalousement ses secrets.

Jalousement ou honteusement ?

Déjà à l'école hôtelière j'ai été confrontée au machisme qui sévissait très tôt dans la restauration. Notre promotion comptait vingt-trois garçons pour sept filles. Autant vous dire qu'il nous était difficile à nous, la gent féminine, de nous imposer. Ou simplement de nous faire respecter.

Certains garçons de la classe « s'amusaient » à être « taquins », selon leurs dires, avec les filles de la promotion. Il s'agissait d'abord de ce jeu stupide qui consiste à ouvrir subitement nos vestes de cuisine, fermées par des boutons-pressions. Souvent, avec la chaleur qui règne dans les cuisines, nos tours de cou et nos toques, nous ne portions pas de tee-shirt sous nos vestes, confectionnées dans un tissu épais.

Pendant plusieurs semaines, je fus victime de ce jeu lors des cours de cuisine. Je me retrouvais, alors, jeune femme de 26 ans, la veste ouverte et la poitrine dans mon soutien-gorge exposée à la vue de tous. C'était très gênant mais surtout dégradant et humiliant.

Puis il y eut un autre jeu, tout aussi « élégant ». Les garçons venaient parler aux filles, leur pénis hors de leur pantalon, caché derrière leur tablier de cuisine. Puis ils soulevaient leur tablier, dévoilant ainsi leur sexe, ce qui avait pour but de faire rire les autres garçons, complices de la scène. Autant vous dire que « ça volait plutôt bas » en matière d'humour…

Vous me direz qu'il n'y a là rien de bien méchant, que ce ne sont que des jeux puérils et idiots. Mais ces jeux duraient depuis des années et l'emprise qu'avaient ces garçons sur les filles de la classe avait instauré une atmosphère de terreur parmi elles.

Je ne parlerai pas ici de la banalisation que l'on peut faire de ces sortes de blagues, surtout si elles sont masculines. Mais si, un instant, nous inversions les rôles ? Imaginons que ce soient les filles qui, pubis à l'air ou poitrine dénudée, s'amusent à aller parler à leurs collègues mâles… Que diriez-vous de ces filles ? Cela prêterait-il autant à rire ?

Évidemment, pour moi qui étais issue d'un bac littéraire, d'un lycée général, puis de la fac de psychologie, j'hallucinais devant ces comportements déplacés et vulgaires.

Grande gueule que j'étais à l'époque, je suis allée me plaindre à la sous-directrice de l'école hôtelière. Elle a reçu ma plainte sans grande conviction, car les garçons qui tyrannisaient les filles étaient des fils de restaurateurs connus, considérés comme les « chouchous » du système.

Mais alors que je me défendais de plus en plus, mes dénonciations ont libéré la parole. Chacune à leur tour, les filles de la classe sont elles aussi allées se plaindre. La sous-directrice a fini par convenir que ces comportements dégradants et abusifs n'étaient pas tolérables. Les garçons incriminés ont reçu un rappel à l'ordre. Il n'y a plus jamais eu d'incident.

Ce machisme que tout le monde semble trouver normal a perduré lorsque j'ai trouvé du travail en cuisine et tout au long de ma carrière.

Je me souviens, lors d'un entretien d'embauche, que le patron n'avait de cesse de m'appeler « cocotte ». Pourquoi se permettre de nommer ainsi une future employée ? Aurait-il utilisé le même terme avec un candidat masculin ?

Une autre fois, une remarque bien plus *trash* m'a profondément choquée : le chef de partie d'un restaurant étoilé m'a dit avec le plus grand naturel que la place d'une femme n'était pas en cuisine, mais plutôt, je cite, « dans [s]on lit, entre [s]es jambes ». Je vous laisse juger de l'élégance et de la finesse de ces termes, et de ce que j'ai ressenti en les entendant… Voilà qui donne envie de travailler dans la brigade de ce monsieur !

Machisme, sexisme, et si en prime, vous êtes homosexuel(le), vous avez décroché le pompon !

Vous devrez affronter les propos homophobes, les petites allusions déplacées, les sourires en coin, les regards curieux ou méprisants… Je suis bien placée pour le savoir, car une fois encore, je l'ai vécu.

Si vous saviez comme j'en ai souffert ! Vous avez devant vous un choix impossible : revendiquer et afficher votre homosexualité au grand jour et subir les commentaires désobligeants, voire insultants, ou la cacher en tremblant à l'idée qu'elle soit découverte un jour… Personne ne devrait avoir à faire ce choix.

Je vous l'ai dit, les heures de boulot s'enchaînent au rythme infernal des services mais on ne vous reconnaît pas le droit d'être fatigué et qu'importe si votre corps ne suit plus. Alors vous faites ce qu'il faut pour tenir le coup, encore et encore.

Vous absorbez des litres de café, parfois même mélangé à des médicaments bon marché effervescents censés vous booster dont je ne citerai pas le nom. Je suis sûre que vous avez reconnu cette petite pastille magique. Je me trompe ?

Vous l'avez fait, nous l'avons tous fait ! Pour ne pas nous effondrer, pour masquer la fatigue, pour ne surtout pas nous écouter. Et vous savez très bien quels sont les effets de ce cocktail explosif quand vous l'associez à une intense fatigue… Vous tenez debout, certes. Mais le cœur qui cogne, les maux de tête, l'irritabilité et les insomnies sont désormais votre quotidien.

J'évoque ici des produits licites, bien qu'ils vous bousillent la santé, mais cela peut aller plus loin : la drogue et l'alcool sont désormais un réel problème dans les cuisines des plus grands restaurants. Dans un article du *CHR* (*Cafés Hôtels-Restaurants*) de 2021, on peut lire que « l'hôtellerie-restauration est le troisième secteur le plus consommateur d'alcool avec 26,9 % de salariés » concernés.

En Grande-Bretagne, le chef réputé Gordon Ramsay a tenté de lever l'omerta sur la consommation de drogues dans la restauration, avec un documentaire intitulé *Gordon Ramsay on Cocain*, sorti en 2017. Il avait été particulièrement touché par le décès de son second de cuisine à la suite d'une overdose de cocaïne en 2003. Depuis, ce grand chef britannique n'a cessé de dénoncer l'usage trop répandu de cette drogue dans les cuisines.

La sociologue Marie Rosaire Ngo Nguene explique ces chiffres alarmants : « Quand le travail est collectif, on remarque que la sociabilité est nécessaire pour le travail. L'alcool, le cannabis, la cocaïne aident à créer une bonne ambiance, à consolider le groupe et à renforcer les liens entre les salariés[1]. »

Boire et se shooter pour se sentir mieux au boulot, pour tenir le coup… Vous voyez, je n'invente rien ! Mais vous le savez déjà.

Vous devez en permanence « dealer » avec votre santé et le rythme infernal imposé en cuisine. Dealer, le terme est bien choisi. Chut ! Encore un sujet tabou, un de plus, mais ce n'est pas le propos principal de ce livre.

Je sais, la liste des non-dits dans le joli monde de la restauration s'allonge au fil de ces pages. Et ce n'est pas fini ! Ne m'en voulez pas de pointer du doigt tout ce que l'univers de la cuisine tente de dissimuler, mais je vous ai promis d'être franche.

Je continue ?

---

1. Marie Rosaire Ngo Nguene dans « Drogues et alcool en restauration : une pratique courante », aucoeurduchr.fr, 3 novembre 2021.

Alors oui, vous prenez vos repas à la hâte, sur un coin de table, dans le bruit et le mouvement, presque en catimini, souvent à des heures où vous n'avez pas faim, où vous n'êtes pas censé manger. Comment apprécier ce que vous avalez, vous qui aimez tant nourrir les autres ? N'imaginez pas manger « en pleine conscience » dans ce contexte, c'est bon pour les bobos qui n'ont pas de bobos, justement !

Vous enchaînez les heures, en décalé de surcroît.

Levé tôt, couché tard, il vous est souvent difficile d'avoir une vie de famille ou ne serait-ce qu'une vie sociale, tout simplement. Depuis combien de temps n'avez-vous pas passé un moment avec vos amis, une soirée en amoureux avec votre compagnon ou votre compagne ?

Dans la restauration il est rare d'avoir une soirée de libre. Tant pis pour le dernier film sorti au cinéma que vous auriez tant aimé aller voir avec votre compagne ou vos copains. Tant pis pour l'anniversaire d'untel ou untel, qui sera fêté en grande pompe… un samedi soir. Le pire soir de la semaine en restauration !

Tout comme vous, j'ai raté bon nombre d'anniversaires ou de mariages de mes proches, de belles représentations au théâtre, de précieuses soirées en amoureux…

Tous ces moments de partage, de détente et de convivialité vous échappent. Vous le saviez, vous l'avez accepté lorsque vous avez choisi de travailler en cuisine. Mais vous n'avez pas imaginé une seconde l'impact qu'un tel rythme aurait sur votre vie sociale et personnelle. Et vous étiez tellement heureux d'avoir enfin trouvé votre place dans une brigade !

Vous pensiez naïvement que les jours de repos et les congés auxquels vous auriez droit, comme tout salarié, vous permettraient de concilier votre travail, votre famille et vos amis. C'était oublier la pénurie de main-d'œuvre récurrente dans la restauration. Et les patrons abusifs.

Il n'y a pas assez de personnel en cuisine, alors on vous demande de multiplier vos heures. Par amour du métier, pour ne pas pénaliser vos collègues ou faire attendre des clients, vous acceptez. Vous mangez avant ou après les autres, vous vous couchez avant ou après les autres… Vous vivez en décalage complet avec les autres !

En période de forte affluence, peut-être même n'avez-vous pas eu le temps de voir la lumière du soleil ?

Dans le cercle familial, on vous reproche de ne pas être là pour votre compagnon ou compagne, de ne pas passer assez de temps avec vos enfants. Et c'est la réalité, il faut bien le reconnaître. On ne peut pas être partout à la fois !

Vos week-ends n'en sont pas puisque les restaurants fonctionnent à plein régime en fin de semaine. *Idem* pour les vacances, car l'afflux de touristes vous oblige à poser vos congés hors saison.

Alors les disputes éclatent, l'incompréhension, la solitude et le mal-être s'accentuent. La rancœur s'installe. Vous vous en voulez de ne pas être à la hauteur de ce que votre famille ou vos amis attendent de vous. Vous en voulez à ce métier qui vous dévore. Votre entourage vous en veut aussi. Mais vous êtes passionné, n'est-ce pas, alors vous continuez !

Les métiers de la restauration font partie des dix les plus touchés par le divorce. Je l'ai personnellement vécu, puisque je me suis séparée de l'une de mes compagnes après dix années de vie commune. Elle me reprochait la place trop importante que prenait mon métier dans notre vie, et elle avait sans nul doute raison.

Triste constat, et pourtant rien ne change, ou si peu. Parce que vous pensez que vous n'avez pas le choix, que vous ne pouvez pas faire autrement.

Vous ne faites que croiser les personnes qui vous sont chères, famille, amis, et elles finissent par s'éloigner de vous.

C'est bien compréhensible. Que feriez-vous à leur place ? Quand vous vouez votre vie entière à votre passion pour la cuisine, imaginez le peu de temps qu'il reste pour les personnes que vous aimez et qui vous aiment ! Et lorsque vous pouvez enfin partager une journée ou quelques heures avec votre famille ou vos amis, votre fatigue, votre irritabilité ou vos sautes d'humeur gâchent ces instants pourtant si précieux.

Vous êtes le premier à le regretter, sans même vous en rendre compte. Vous avez la tête dans le guidon, vous foncez droit dans le mur, mais pris dans une spirale infernale, vous n'avez pas d'autre possibilité que d'avancer.

Je me revois, dans ces moments où j'étais si mal, parler d'une manière très agressive alors que je ne suis pas de nature hargneuse. J'en avais conscience mais je n'arrivais pas à m'exprimer autrement. Comme si ma colère de ne pas arriver à tout gérer explosait. Comme si j'en voulais à la terre entière parce que je perdais le contrôle…

4

R comme « Repérage » du burn-out en cuisine

Au fil des heures, des jours, des mois et des années, vous ne vous reconnaissez plus, votre entourage non plus. Vous sentez bien que vous changez, sans arriver pourtant à être lucide sur ce que vous êtes en train de vivre. Vous êtes déjà allé bien trop loin pour faire demi-tour…

Et à votre mal-être s'ajoutent la solitude et le sentiment d'être incompris.

Votre solitude, vous la comblez en travaillant encore plus. Vous vous noyez dans le boulot, vous vous enfermez dans un cercle qui n'a rien de vertueux. La boucle est bouclée, vous vous oubliez… Tout cela vous parle, n'est-ce pas ?

Vous allez travailler ainsi jusqu'à l'épuisement, voire l'écœurement… Dans un sursaut de lucidité, vous rendrez peut-être votre tablier. Le rythme infernal de la restauration aura eu raison de vous et de votre passion pour la cuisine.

J'ai parfois croisé des jeunes qui, après avoir fait l'école hôtelière et obtenu leur diplôme, ont travaillé peu de temps en cuisine avant de changer d'orientation. Quelle colère, quelle tristesse en pensant à toutes ces vocations étouffées dans l'œuf, tous ces rêves brisés !

L'apprentissage devant les fourneaux est difficile, la cuisine est une maîtresse très exigeante.

Vous avez dû vous battre pour obtenir votre diplôme puis, plus tard, vous battre encore pour avoir votre place dans la cuisine d'un restaurant.

Vous pensez avoir enfin réussi, être arrivé là où vous vouliez être, avoir atteint le but que vous vous étiez fixé. L'univers magique de la restauration vous a ouvert ses portes ! Et la déception est grande. Vous allez tenir quelques mois, quelques années. Vous essaierez peut-être de « régler le problème » en changeant d'établissement. Un autre restaurant, un autre patron, d'autres collègues de travail. Un autre décor, oui, mais les mêmes problèmes.

Et un jour, par lassitude, désillusion, ou pire, parce que votre corps vous aura lâché, vous finirez par rendre votre tablier : cette profession n'est pas celle dont vous aviez rêvé. Les émissions de télévision sur la cuisine ne seraient-elles que mensonge ? Comment font-ils, ces grands chefs reconnus, pour avoir des étoiles plein les yeux lorsqu'ils parlent gastronomie, dans des émissions suivies par des millions de téléspectateurs ?

Que deviennent tous ces jeunes passionnés qui se donnent à fond pour décrocher une place dans une prestigieuse école de cuisine ?

J'ai le sentiment d'un énorme gâchis…

Une pression supplémentaire est venue s'ajouter à la déjà trop longue liste des contraintes dans le milieu de la restauration : Internet et les réseaux sociaux !

Impitoyable mais indispensable Internet…

Désormais, il faut tenir compte des réseaux sociaux et des avis, justifiés ou pas, qui fleurissent sur les pages du Web.

Vous les connaissez, tous ces sites qui peuvent vous apporter des clients supplémentaires ou détruire la réputation de votre activité à grand renfort ou en l'absence de petites étoiles… Aujourd'hui, plus personne ne réserve dans un restaurant sans être allé voir les avis des clients précédents.

Vous en avez lu, des commentaires assassins qui peuvent faire couler à pic votre restaurant parce qu'un client aura attendu dix minutes de trop son dessert ou que le cadre n'était pas à son goût…

En revanche, les commentaires élogieux mettant en avant des restaurants qui le méritent génèrent un apport substantiel de clients. Il n'y a pas que de mauvais côtés à faire parler de soi sur les réseaux sociaux et les pages web !

Vous commencez à me connaître, vous avez compris que je suis une inconditionnelle de la franchise ! Alors oui, certains établissements méritent les avis négatifs laissés par leurs clients. À eux d'en tirer les leçons.

Cette visibilité et la publicité qui en découle, voulue ou non, vous autorisent encore moins le droit à l'erreur : la réputation de votre restaurant ou de l'établissement dans lequel vous travaillez dépend de plus en plus des remarques des internautes qui seront venus déguster vos plats.

Accueil, décor, ambiance, temps d'attente, cuisine, fraîcheur des produits, attitude du serveur, tout est passé au peigne fin et tout est matière à critiques. Une viande mal cuite, un poisson trop sec ou une assiette qui arrive froide et le retour en cuisine peut se révéler désastreux… En cas d'avis négatifs ou d'une seule malheureuse petite étoile (puisqu'on ne peut pas mettre moins, sur certains sites), et c'est sur vous que va s'abattre la colère du patron.

Cette nouvelle contrainte aurait pu, aurait dû faire évoluer les conditions de travail en cuisine, car la charge est encore un peu plus lourde sur les épaules des employés, le stress encore plus présent. Les critiques, qu'elles soient bonnes ou mauvaises, devraient contribuer à l'amélioration de l'établissement dans lequel vous travaillez, pas seulement à vous plomber le moral et rendre votre boulot encore plus difficile.

Les avis et commentaires des internautes, lorsqu'ils sont honnêtes et justifiés, peuvent mettre en lumière des points noirs que les restaurateurs ont tout intérêt à améliorer. Il faut savoir accepter la critique et l'exploiter afin d'en tirer un mieux pour son établissement.

Puisque j'ai décidé d'être franche avec vous et de passer outre les non-dits de ce monde qui peut pourtant être merveilleux, j'ose évoquer la maltraitance qui sévit dans certaines cuisines...

Et allez ! Encore un sujet bien tabou !

Quelques (trop rares) reportages à la télévision en ont parlé, vite fait, je dirais. Mais une fois de plus, pour ne pas égratigner la belle image des grands chefs qui font le bonheur des émissions culinaires, le sujet est rapidement balayé et mis sous le tapis. Puisqu'on n'en parle pas, ça n'existe pas...

Si, ça existe ! Et c'est un phénomène de grande ampleur ! Moqueries, brimades, hurlements, remarques déplacées et sexistes, voire violences physiques sont souvent le quotidien des employés en cuisine. Personne ne pourra me contredire.

Je me souviens, à titre d'exemple, d'un jeune stagiaire allemand, à qui l'on faisait des croche-pattes pour qu'il tombe alors qu'il avait quelque chose dans les mains. Éclat de rire général et humiliation du pauvre garçon. Voilà qui donne envie de travailler en cuisine, n'est-ce pas ? Et quelle belle image des coulisses de la gastronomie française chez nos amis étrangers !

J'ai moi-même subi la terrible colère d'un chef de cuisine.

Ce jour-là, j'avais oublié de remettre du poivre dans la poivrière. Grave erreur, crime impardonnable.

Vous imaginez un peu la gravité de mon oubli ?

Le chef de cuisine a lancé la poivrière dans ma direction, en hurlant comme un fou, ce qui a eu pour effet de casser toutes les assiettes que j'étais en train de dresser.

J'aurais pu être blessée. Pétrifiée et tremblante, j'ai eu du mal à comprendre qu'une si petite chose puisse provoquer une telle fureur. Essayez de vous concentrer sur le dressage de vos assiettes, après un tel déferlement de violence !

Il s'agit là, et je pèse mes mots, de maltraitance physique et psychologique. Rien de moins !

Je mets ma main à couper que vous savez très exactement de quoi je parle. Cette poivrière n'est pas passée loin de votre tête, j'en suis sûre. Et probablement plus d'une fois !

J'ai aussi souvent assisté à des comportements malsains entre les employés, comme ouvrir la porte du four, constater que le poisson que le collègue est en train de faire cuire est trop cuit, et refermer la porte du four sans rien dire… Pas cool.

Autant de mesquineries, par jalousie ou désir de nuire, qui participent à une ambiance délétère.

En prime, une âpre compétition pourrit les relations entre les employés. Il faut se faire bien voir si l'on veut gagner sa place, et ne pas hésiter à piétiner le collègue pour gravir les échelons. Vous l'aurez compris, les coulisses des cuisines ne sont pas très reluisantes…

5

La passion, notre pansement au cœur du métier

Si vous travaillez dans la restauration, tout cela vous est familier, malheureusement. Et si ce n'est pas votre domaine professionnel, je vous entends déjà : « Ça ne devait pas être si terrible, puisque vous avez aujourd'hui deux restaurants… » Ou : « Pourquoi ne pas quitter la restauration et travailler dans un autre domaine, puisque tout semble si négatif ? »

Pourquoi ? Tout simplement parce que mon métier me passionne. Je ne rendrais mon tablier pour rien au monde !

Je vous l'ai dit, j'aime « nourrir les gens », créer et mitonner de bons petits plats et de belles assiettes pour leur faire plaisir. J'insiste sur le terme « nourrir », vous comprendrez bientôt pourquoi.

L'univers de la cuisine peut être magnifique.

Oui, il est possible d'allier passion et bien-être.

Je le dis haut et fort mais je revendique et j'assume tout ce que je vous ai livré sur les coulisses de la restauration. Et tant pis si cela déplaît à certains. Je dénonce tous ces aspects si sombres de notre profession parce qu'il faut bien que quelqu'un le fasse. Parce qu'on ne peut plus attendre et qu'il y a urgence à faire évoluer les choses.

Si vous saviez comme cela me rend triste !

Triste et en colère.

J'aimerais tellement qu'il en soit autrement et que le monde de la restauration soit vraiment cet univers magique qui faisait briller des étoiles dans mes yeux, tout comme il a dû vous faire rêver, vous aussi...

Je n'ai pas le pouvoir de faire changer les choses à grande échelle, mais j'ai le devoir d'alerter. De vous alerter. Car si je n'ai pas de baguette magique pour effacer tous ces côtés sombres dont je vous ai longuement parlé, je peux, à travers ce livre, vous faire comprendre ce que vous devez changer en vous.

Un changement qui vous sera bénéfique et qui impactera le mode de fonctionnement actuel des cuisines. Vous pouvez, nous pouvons tous faire évoluer les choses !

Mais il faut d'abord prendre conscience de tout ce qui ne va pas, avec honnêteté et sincérité, identifier ce qui vous a mené au bord de ce gouffre, pour espérer aller vers le mieux.

Et lorsque vous êtes dans l'œil du cyclone, impossible d'être objectif et de prendre du recul.

Voilà pourquoi j'ai décidé de mettre à plat et de révéler au grand jour toutes ces choses qui vous font souffrir comme elles m'ont fait souffrir. Croyez-moi, en parler me remue et reste difficile aujourd'hui encore.

Bien sûr, même s'ils sont légion, ces aspects négatifs de la restauration ne sont pas une généralité. Loin de moi l'idée de dénigrer une profession que j'aime par-dessus tout.

Il existe bon nombre de restaurants dans lesquels le personnel est bien traité. Et cela se voit rapidement : vous êtes bien reçu, les serveurs sont souriants et peuvent parler des plats qu'ils vous proposent car il y a une réelle communication avec les cuisines, l'établissement est propre. Pas de hurlements derrière la porte à double battant... l'ambiance est détendue. Et le personnel est en place depuis de nombreuses années.

S'il y a des sourires et des rires, que vous êtes bien accueilli, que les employés ne cherchent pas à démissionner, et si votre assiette est appétissante, vous êtes au bon endroit ! Les restaurants sont et doivent rester des foyers de bien-être et de détente, des endroits où l'on vient avec plaisir, que ce soit pour les clients ou pour les employés. Tout le monde doit y trouver son compte !

J'ai longuement parlé des aspects sombres de la restauration et il y en a beaucoup, malheureusement. Tous les domaines d'activité, quels qu'ils soient, ont leur part de noirceur. Ce qui vaut pour ce monde dans lequel je travaille vaut certainement pour d'autres professions.

Je n'ai rien exagéré ou inventé car j'ai vécu personnellement tout ce que j'ai écrit, et souvent plus d'une fois. Je n'ai pas cité le nom des établissements dans lesquels j'ai subi ce qui peut s'apparenter à des traumatismes, mais je sais que les personnes concernées se reconnaîtront…

Même si vous n'évoluez pas dans le milieu de la restauration, vous avez peut-être vécu ces situations, car il y a de plus en plus de domaines professionnels touchés par le burn-out, que ce soit chez les employés ou les patrons.

En écrivant ces lignes, je n'ai pas pour but de causer du tort à une profession que j'exerce toujours avec autant de passion. J'insiste sur ce point. Je rêvais d'être cheffe de cuisine, c'est chose faite et je n'ai aucun regret. Malgré tout ce que je dénonce, je n'ai aucune envie de changer de boulot ! Et c'est précisément parce que je suis passionnée par mon métier que je veux faire évoluer les choses.

Je sais pertinemment que la description des coulisses de la restauration que je viens de faire peut choquer, d'autant plus si vous n'évoluez pas dans cet univers. Mais pour arriver à décortiquer les raisons qui peuvent amener à un burn-out, il m'a fallu faire preuve d'une grande honnêteté et d'une extrême franchise. Tant pis si cela ne plaît pas ! On ne fait pas d'omelette sans casser d'œufs, surtout en cuisine…

Je vous ai parlé de ce côté obscur des coulisses des restaurants afin de vous amener à comprendre pourquoi j'ai craqué, pourquoi mon corps a dit « stop » avant que ma tête soit en capacité de le faire, pourquoi j'ai subi plusieurs burn-out. Quatre. C'est beaucoup, et chaque fois, il est encore plus difficile de se relever. Difficile, mais pas impossible !

6

Le syndrome de l'éponge trop mouillée

Telle une éponge, j'ai absorbé tout ce qui me faisait du mal sans répliquer, sans chercher à comprendre.

Je ne me suis pas rebellée, j'ai courbé le dos, passionnée par mon métier au point d'accepter l'inacceptable.

J'ai subi la trop longue liste des aspects négatifs de la vie et du travail en cuisine, tous les côtés sombres, absolument tous. Voilà pourquoi je peux affirmer que je sais de quoi je parle.

La surcharge de travail, la fatigue, les horaires décalés, le sexisme, l'homophobie, les brimades, la maltraitance, la solitude… j'ai tout encaissé ! Et cela a généré chez moi un stress chronique. C'est là que cela devient dangereux.

Ce stress chronique est devenu en quelque sorte mon meilleur ami et en même temps mon pire ennemi.

Je me suis tellement habituée à souffrir psychologiquement et physiquement que ce stress s'est installé comme une habitude. Insidieusement. Une sale habitude qui m'a poussée à aller toujours plus loin dans l'« oubli de moi ».

Ce mal s'est insinué petit à petit dans tous les pores de ma peau, comme s'il pénétrait mon ADN et qu'il me façonnait jusqu'à ce que je trouve normal d'endurer tout ça. Difficile de prendre conscience de la gravité de la situation et de votre degré d'épuisement lorsque vous êtes conditionné à accepter de souffrir…

Si j'avais été entourée par une famille aimante et attentive, je n'aurais peut-être pas sombré autant de fois. Peut-être.

Quelqu'un de mon entourage aurait probablement tiré la sonnette d'alarme avant que je m'écroule, ou m'aurait tendu une main bienveillante pour m'empêcher de trébucher. On aurait essayé de me faire prendre conscience de l'engrenage dans lequel j'avais mis le doigt, de m'ouvrir les yeux. On m'aurait encouragée à me calmer, à ralentir, à prendre un peu plus soin de moi.

Mais ça n'a jamais été le cas. Au contraire.

Rangez vos mouchoirs, je cherche juste à vous expliquer pourquoi mon vécu a joué sur la répétition et la violence de mes burn-out.

J'ai apporté mon aide à ma famille et mes amis, autant que possible et chaque fois que cela a été nécessaire. J'ai beaucoup donné, sans recevoir pour me « remplir » et pouvoir donner à nouveau. Telle une brave petite éponge, j'ai absorbé leurs problèmes, leurs soucis, leur mal-être. Comme on se doit de le faire quand on est une « bonne personne », non ?

Je n'en ai pas attendu de retour ou de reconnaissance car je savais de toute façon qu'il n'y en aurait pas. J'ai donné, parce que je suis Sonia et que c'est dans ma nature. Je ne regrette rien, mais *a posteriori* je me dis que j'aurais pu et dû faire différemment. J'aurais dû me protéger et déjà, poser mes limites.

Vous faites en sorte, vous aussi, d'être cette « bonne personne », n'est-ce pas ? Parce que c'est dans votre nature ou que votre éducation vous a façonné ainsi. Parce que c'est plus facile pour évoluer en société. Peut-être aussi parce que vous attendez quelque part une sorte de reconnaissance et qu'il vous paraît important qu'on dise de vous : « C'est quelqu'un de bien. »

Vous dites « oui » alors que vous pensez « non », vous prêtez une oreille attentive, une épaule compatissante, vous cherchez des solutions ? Vous absorbez…

Et vous ne parlez pas de ce que vous, vous ressentez. Vous ne vous étendez pas sur vos problèmes, sur votre propre mal-être, par peur de ne pas être écouté ou compris, sans doute.

Après tout, c'est vous qui avez choisi ce métier. La cuisine est votre passion, alors assumez ! Et ne venez pas pleurnicher, il s'agit de votre choix.

Ça tombe bien, de toute façon, puisque le burn-out est tabou dans l'univers de la restauration. On n'en parle pas, ça n'existe pas !

Mais, vous le savez aussi bien que moi, vient le moment où, trop pleine, la petite éponge ne peut pas absorber plus… Et j'ai fini par ne plus percevoir qui j'étais, moi, Sonia, engluée dans les problèmes des uns et des autres, que je m'évertuais à essayer de résoudre, incapable de regarder les miens en face et encore plus d'y apporter une solution. Alors dans ce cas-là, que faire ? Jeter l'éponge ou s'étouffer avec ?

Eh bien moi, il m'a fallu du temps pour la jeter, cette éponge… Mais je l'ai fait !

Le syndrome de l'éponge trop mouillée vous parle ? Vous le sentez arriver, le burn-out ?

Voilà ce que je veux vous éviter, voilà la raison de ce livre !

Sans prétention, je souhaite vous donner des clés qui vont vous permettre, je l'espère, de repérer le burn-out qui pointe ou qui est déjà en train de vous submerger. Le repérer, c'est déjà énorme.

J'aurais aimé que quelqu'un le fasse pour moi.

J'aurais aimé que ce livre existe et qu'il m'aide à ouvrir les yeux.

J'aurais aimé que l'on mette des mots sur mes maux.

Voilà pourquoi je vous ai confié, sans tabou, tout ce qui a concouru, directement ou indirectement, à me faire sombrer. Et croyez-moi, cela a nécessité une introspection parfois douloureuse mais toujours honnête.

J'ai vécu toutes les situations dont je vous ai parlé. J'en ai souffert dans mon corps, dans ma tête... Si vous travaillez dans la restauration, vous les avez sans aucun doute vécues, vous aussi.

Alors où en êtes-vous aujourd'hui ?

Avez-vous juste le pied au bord du gouffre ou êtes-vous déjà en train de tomber ?

Moi, je sais où vous en êtes.

Poursuivez la lecture et dans quelques pages vous n'aurez plus à vous poser la question.

7

Burn-out, quand les carottes sont trop cuites !!

Si vous cherchez ce mot dans le dictionnaire, vous pourrez lire : « Syndrome d'épuisement professionnel caractérisé par une fatigue physique et psychique intense, générée par des sentiments d'impuissance et de désespoir » (*Larousse*).

Vous n'allez pas forcément vous reconnaître dans cette définition un peu fourre-tout (« Il ne faut pas exagérer, quand même, je ne vais pas si mal que ça », « Je suis juste un peu fatigué »...) mais je vous assure que ces mots collent plutôt bien à l'état dans lequel vous êtes peut-être à l'heure où vous me lisez, et qu'ils sont assez percutants pour trouver un écho en vous : épuisement, fatigue intense, impuissance, désespoir...

Pour étayer mes propos et leur donner un peu plus de poids, je me suis appuyée sur un article très complet de la Fondation pour la recherche médicale, qui définit le burn-out ainsi : « Syndrome d'épuisement professionnel qui correspond (selon le site de la Haute Autorité de santé) à un épuisement physique, émotionnel et mental qui résulte d'un investissement prolongé dans des situations de travail exigeantes sur le plan émotionnel [...]. Ainsi, ce syndrome se caractérise par un sentiment d'épuisement intense (se sentir vidé), un détachement émotionnel (une forme de cynisme vis-à-vis du travail), et une perte de confiance dans ses propres capacités. »

C'est bien de cela qu'il s'agit, non ?

Une étude de l'Institut national de recherche et de sécurité (INRS) met en avant plusieurs facteurs de risque pouvant déclencher un burn-out. Il y a en premier lieu « la surcharge de travail » ; viennent ensuite « le faible soutien social de la hiérarchie et des collègues, une reconnaissance insuffisante du travail accompli, le manque d'équité dans les relations professionnelles, les conflits de valeurs ».

Je suis convaincue que tout cela vous parle, que tous ces termes résonnent en vous. Oui ? Nous sommes donc bien d'accord sur le fait que le terme que j'utilise, « burn-out », est tout à fait approprié !

Attention, j'ai bien dit « burn-out », et non « dépression ». Même si la limite est mince, elle existe.

La dépression est une pathologie désormais reconnue. Je n'irais pas jusqu'à dire qu'elle est « acceptée », car beaucoup l'assimilent encore à une « maladie imaginaire ». Mais il est maintenant courant d'entendre quelqu'un dire : « Je suis en pleine dépression » ou : « Je suis sous antidépresseurs. » On avoue plus facilement que l'on va voir un psy. Le terme et le sujet ne sont plus vraiment tabous. Mais cette pathologie est perçue comme provenant avant tout de problèmes personnels.

Le travail n'étant pas directement mis en cause, il semble plus facile d'en parler. La parole libère… Et des traitements existent, ils portent même le nom d'« antidépresseurs ».

Le terme « burn-out » quant à lui implique que votre mal-être est provoqué avant tout par le milieu professionnel dans lequel vous travaillez. Et c'est là que le bât blesse. Surtout si vous évoluez dans un milieu que l'on ne doit pas entacher, qui doit continuer à vendre du rêve.

C'est le cas de la restauration. Sujet hautement tabou !

Eh bien moi, je le brise, ce tabou, et j'en parle !

J'ose prononcer le mot. BURN-OUT !

Il n'est pas encore considéré comme une pathologie ou une maladie professionnelle, et ne croyez pas vous en débarrasser en vous bourrant de médicaments. Bien au contraire.

Il n'y a pas de traitement appelé « anti-burn-out » et les remèdes que l'on pourrait vous prescrire, toujours très forts et addictifs, ne feront que vous enfermer un peu plus dans ce brouillard douloureux dont vous n'arrivez pas à sortir.

J'en ai fait l'expérience lors d'une hospitalisation à la suite d'une énorme crise d'angoisse. Alors que j'avais besoin avant tout de repos, d'une écoute attentive, d'une main tendue et probablement d'une remise en question de ma façon d'aborder la vie, je me suis retrouvée assommée de neuroleptiques et de psychotropes. Ce sont des traitements donnés pour soigner des pathologies psychiatriques. On me prenait donc pour une folle… et je dois avouer, qu'à ce moment-là, j'étais persuadée que j'avais basculé dans la folie. Pendant plusieurs mois j'étais si shootée aux médicaments que je rencontrais même des difficultés à parler.

Ne vous y trompez pas, ces traitements sont en réalité bien plus une drogue qu'un remède. Ils ne vont pas régler vos problèmes. Ils vont juste vous enlever la faculté d'y réfléchir, en vous maintenant dans un état de somnolence quasi permanent.

Surtout, ne pas penser.

La liste de leurs effets secondaires est impressionnante. Vous faites du mal à votre corps, vous anesthésiez votre esprit. Vous vous faites du mal, alors que vous êtes censé vous soigner.

Et le sevrage de ces drogues (car il s'agit bien de cela, non ?) est terrible.

Vous allez retomber dans l'état que vous vouliez fuir en prenant ce traitement. Anxiété, insomnies, confusion, troubles sensoriels, bref, vous n'allez pas mieux, vos problèmes sont toujours là, vous avez juste un peu plus bousillé votre santé ! Vous pouvez me croire, parce qu'une fois encore je l'ai personnellement vécu, les médicaments ne sont pas la solution au burn-out.

Ils ne vous aideront certainement pas à prendre conscience que vous êtes la clé pour vous en sortir. Je sais, ce ne sera pas facile, mais les lignes qui suivent vont vous aider à décrypter ce qui se passe dans votre organisme lorsque vous subissez un burn-out. Il est important de bien comprendre le mécanisme mis en place par notre corps pour limiter autant que possible l'impact des agressions extérieures et des situations qui génèrent du stress. Il s'agit en fait d'une sorte de réaction en chaîne qui va vous emmener bien plus loin que vous ne pouvez l'imaginer.

Sur le plan physiologique, le burn-out est associé à la perturbation de plusieurs systèmes de notre organisme.

En cas de stress important et chronique, notre système nerveux sympathique, qui gère l'activité des organes viscéraux et les fonctions automatiques (battements cardiaques, respiration) entre en action. Il augmente notre fréquence cardiaque et notre tension artérielle, accélère notre respiration et stimule notre métabolisme. Il intervient chaque fois que nous sommes en situation de « combat/fuite » : tout notre corps fait de son mieux pour faire face rapidement à une situation stressante. Et cela entraîne également une augmentation du niveau de cortisol, l'hormone du stress.

Vous imaginez à quel point ce système est sollicité lorsque nous vivons un stress chronique…

Le système endocrinien est touché lui aussi car une exposition prolongée à un taux élevé de cortisol peut affecter les hormones responsables de la régulation de l'humeur, du sommeil, de l'appétit et du métabolisme en général. Le manque de sommeil, perturbé et non réparateur, aggrave les symptômes du burn-out, la fatigue physique et mentale.

Il en va de même pour le système immunitaire. Affaibli, il devient moins efficace pour lutter contre les infections et les maladies. Les personnes touchées par un burn-out sont plus susceptibles de développer des problèmes de santé tels que les infections respiratoires, les troubles gastro-intestinaux et les maladies auto-immunes.

Enfin, sachez que subir un burn-out est tout simplement épuisant car votre corps est en permanence en mode réaction face au stress.

Le système nerveux parasympathique, que l'on considère comme le système « repos et digestion », joue habituellement un rôle essentiel pour contrebalancer les effets du stress, en aidant à ramener le corps à un état de calme et de récupération.

Mais dans le cas d'un burn-out, où le stress est chronique, ce système est affaibli. Il devient alors difficile de récupérer et de se relaxer.

En bref, un burn-out épuise vos réserves énergétiques ! C'est la raison pour laquelle vous vous sentez constamment fatigué, même après du repos.

Vous me pardonnerez ce pavé peut-être un peu long et indigeste sur ce que votre organisme endure lorsque le burn-out s'abat sur vous. Mais je crois qu'il est important de comprendre toutes ces réponses, ce « combat/fuite » de votre corps face au stress. Cela vous aidera certainement à mieux gérer les situations stressantes et vous saurez d'où viennent certains de vos maux.

Pour ma part, le stress génère toujours chez moi le mal au ventre, toujours ! Mais aujourd'hui, j'en connais l'origine.

Laissons tomber le dictionnaire et tout ce que vous pourrez lire sur le burn-out (bien que je vous encourage à en apprendre le plus possible sur ce mal dévastateur...). C'est avec mes mots à moi et la souffrance que j'ai endurée que je vais définir à mon tour ce terme très en vogue mais encore si tabou aujourd'hui dans l'univers de la restauration... Et je suis sûre que cela vous parlera bien plus que toutes les définitions que l'on pourra vous donner !

Ce que moi, j'appelle burn-out, c'est un sentiment de déséquilibre si grand que l'on devient littéralement incapable de mettre un pied devant l'autre. Psychologiquement et physiquement incapable.

Un matin, vous n'arrivez plus à vous lever. Vous savez que vous devez le faire, que votre journée de boulot vous attend, mais votre corps et votre tête refusent de continuer.

Vous y êtes.

Tout votre être vient de hurler : « Stop ! »

Ça commence toujours par une intense fatigue physique et, dans mon cas, par des maux de ventre récurrents.

Tel un sportif de haut niveau, j'avais repoussé sans cesse mes limites, jusqu'à un point de non-retour. Mais nous sommes humains et nous avons tous des limites, même si nous refusons de l'admettre.

Malgré mon épuisement, impossible de trouver le sommeil.

J'enchaînais les nuits d'insomnie et de cauchemars.

Je me couchais fatiguée, je me levais tout aussi fatiguée.

J'avais perdu l'appétit, un comble pour quelqu'un qui adore cuisiner !

Je n'arrivais plus à m'alimenter, jusqu'à perdre énormément de poids. Et lorsque vous perdez beaucoup de poids, vous êtes encore plus rapidement fatiguée.

Cette fatigue qui devient chronique vous fait perdre l'appétit : premier cercle vicieux dont il est difficile de sortir.

Puis, survenaient alors les crises d'angoisse qui me pétrifiaient : j'avais la sensation d'être enfermée dans une situation sans issue ; ma vie se résumerait désormais à cet état de solitude et de souffrance sans que je puisse jamais en sortir.

Tout était flou dans ma tête et j'avais l'impression que j'allais me disloquer. Cette sensation est terrifiante.

Je ne voyais pas d'alternative à cet état d'épuisement à la fois physique et mental.

Au bord de l'évanouissement, je voyais une multitude de sentiments se bousculer dans ma tête : la peur, l'incompréhension, des émotions négatives et mal gérées, la solitude.

Les crises d'angoisse, que l'on appelle aussi crises d'anxiété ou de panique, se traduisent toujours par un sentiment soudain et incontrôlable de peur qui peut aller jusqu'à la terreur. Et je pèse mes mots. Lors de ces crises j'étais littéralement terrifiée.

J'étais persuadée que quelque chose de terrible allait m'arriver sans que je puisse faire quoi que ce soit pour l'éviter. Je perdais pied. Je perdais le contrôle. Ma vie entière m'échappait.

Puis, lorsque la crise d'angoisse était passée, je vivais dans l'appréhension qu'elle se reproduise. Et elle se reproduisait, bien sûr… Mais vous savez tout cela, j'en suis persuadée. Ces crises d'angoisse que je vous décris, vous les avez certainement vécues, vous aussi.

Mais combien de crises faudra-t-il donc avant que vous décidiez que cela ne peut plus durer ?

Pour ma part, j'en ai fait plusieurs, beaucoup trop.

Chaque fois elles m'ont enfermée un peu plus dans mon mal-être, chaque fois elles m'ont laissée K.-O. J'étais engagée dans un sombre tunnel dont je ne voyais pas le bout. J'essayais d'avancer et de retrouver la lumière mais ce tunnel était interminable. Je n'en sortirais jamais !

Vous venez peut-être d'entrer dans ce tunnel, et je vais faire de mon mieux pour vous aider à en voir le bout... Si vous saviez comme j'aurais aimé que quelqu'un me prenne la main et m'accompagne vers la sortie !

Mais lors des quatre burn-out que j'ai vécus je me suis sentie chaque fois incomprise et seule au monde. Je faisais le constat terrible que j'étais là pour tous ceux qui avaient besoin de moi, brave petite éponge beaucoup trop mouillée, mais que je ne pouvais compter sur personne lorsque j'étais au plus mal.

Il faut dire que ma famille n'a jamais été un soutien pour moi. J'ai souffert toute mon enfance et mon adolescence, voire ma vie d'adulte, d'un terrible manque d'affection, d'attention, du regard bienveillant de parents attentifs à votre bien-être.

Si je veux être vraiment honnête, et je vous dois de l'être, je dois avouer que cela a sans aucun doute contribué à la violence et la récurrence de mes burn-out. On ne sort jamais indemne d'un manque d'affection.

Dans ces moments où j'avais l'impression de me noyer, j'aurais voulu crier au monde entier mon mal-être mais personne ne semblait le voir et l'entendre, ni mes proches, ni mes collègues de boulot, encore moins ma famille. Je me sentais transparente.

C'était très compliqué car je n'arrivais pas à identifier clairement le malaise que je ressentais. Quelque chose n'allait pas chez moi, mais quoi ?

J'exerçais une profession qui me passionnait, je gagnais bien ma vie, j'avais un toit sur la tête et à manger dans l'assiette. Alors où était le problème ?

Pourquoi cette sensation de perdre pied, de sombrer sans pouvoir m'accrocher à qui que ce soit pour freiner ma chute ?

Et bien entendu je culpabilisais de ne pas me sentir bien. J'avais vraisemblablement « tout pour être heureuse », comme on dit. Alors je répondais machinalement : « Ça va » aux gens qui me demandaient comment j'allais. J'aurais voulu pouvoir leur dire : « Non, ça ne va pas, je ne vais pas bien, pas bien du tout, et j'ai sûrement besoin d'aide. » Mais j'étais persuadée que la réponse leur importait peu et qu'ils se contenteraient d'un « ça va », sans chercher plus loin.

C'était peut-être le cas. Je n'avais pas d'écoute de la part de ma famille ou de mes amis. Je ne sais pas s'ils se fichaient de mon état, s'ils ne s'en rendaient pas compte ou s'ils étaient trop absorbés par leurs propres problèmes. Ces mêmes problèmes qu'ils me confiaient en espérant que j'aide à les résoudre, moi, la brave petite éponge, la « bonne personne » que j'étais.

Et c'est exactement ce que je faisais, tandis que mon mal-être passait au second plan. Manifestement, il n'intéressait personne. C'est en tout cas la perception que j'avais à ce moment-là.

Je le sais aujourd'hui, et croyez-moi, il m'a fallu du temps pour mettre des mots sur tous les sentiments et les sensations que j'ai éprouvés lorsque j'étais dans l'œil du cyclone. J'ai souffert de plusieurs burn-out car je n'étais pas alignée avec mes vraies valeurs.

Je n'ai pas su harmoniser mes convictions profondes et ma vie, qu'elle soit professionnelle ou personnelle. J'ai toujours comblé les besoins des autres, jusqu'à en oublier les miens. Je me suis oubliée… Je n'ai pas su repérer le moment où j'aurais dû dire « stop ». Je n'ai pas écouté les signaux que m'envoyaient mon corps et ma tête. Je me suis acharnée à vouloir avancer, progresser, faire toujours mieux, sans réfléchir, sans me remettre en question, sans m'interroger. Et ce n'était jamais assez. Je voulais toujours plus !

Je voulais plus de reconnaissance, plus de perfection dans les plats que je préparais, plus d'argent à la fin du mois.

Non, je n'étais vraiment pas alignée avec mes vraies valeurs !

Comme tout un chacun, comme vous probablement, pour gagner ma vie et être « à l'aise » comme on dit, je pensais qu'il fallait travailler, toujours plus. Peut-être par peur de manquer d'argent, aussi.

Mais surtout, je suis de cette génération à qui l'on a vanté les mérites du labeur, quoi qu'il en coûte, la valeur du travail avant la notion de bien-être ou d'épanouissement.

Il faut bien gagner de quoi vivre, non ? Et tant qu'à faire, gagner largement sa vie, c'est encore mieux !

Et tant pis si ma vie en dehors de mon travail est un désert sentimental ou social. De toute façon, la cuisine est ma passion. Cela doit donc suffire à mon bonheur…

Et lorsque vous avez la passion de la cuisine chevillée au corps, ce qui est mon cas, vous l'aurez bien compris, le temps ne compte plus.

Le rythme dans les cuisines est effréné, les montées d'adrénaline, nombreuses, addictives. Je l'avoue, j'étais accro à la cuisine ! Une fois que j'avais quitté mon travail, je me sentais vide.

Aujourd'hui encore, lorsque je suis de repos, je me sens perdue. Il m'arrive de me lever le matin et de ne pas savoir par où commencer ma journée. Je prends mon petit déjeuner ? Je vais promener le chien ? Je suis tellement dans la routine trépidante du travail que ne pas avoir un emploi du temps chargé et bien défini me déstabilise. Dans ces moments-là, j'ai l'impression de vivre au ralenti. C'est très difficile pour moi car mon tempérament et ma profession me poussent à être toujours dans l'action, le mouvement.

Il faut dire que mes journées au restaurant défilent à un rythme d'enfer. Je me lève, je vais au resto, je bois vite mon café, je m'occupe de mes commandes, je fais ma mise en place, je commence à cuisiner en fonction du menu du jour, etc. Je n'ai souvent pas une minute pour souffler et j'ai la tête dans le guidon du matin au soir.

Mais j'adore ça, j'adore mon métier. Pour que je sois comblée, il faut que ça bouge ! Que je relève des challenges ! Que je perçoive les choses avec intensité !

Et en cuisine, c'est exactement ça. Tout va plus vite, tous les sens sont hyper-stimulés : l'odorat (le poisson qui rôtit dans la poêle ou le basilic que je détaille sur ma planche à découper), l'ouïe (le bruit de la machine à glaçons, le téléphone qui sonne, les gens qui parlent, la viande qui cuit trop fort et que tu entends pendant que tu coupes tes courgettes), la vue (tu es tout le temps en train de regarder ce qui cuit), le toucher des produits de la terre que tu manipules…

J'apprendrais plus tard qu'une hyper-stimulation des sens peut participer au déclenchement d'un burn-out. Et croyez-moi, j'étais championne en matière de surstimulation ! Pour moi, rien n'allait jamais assez vite, rien n'était jamais assez bien et je voulais être à la fois au four et au moulin. Rappelez-vous, j'étais dans une quête illusoire du vingt et un sur vingt.

J'étais en perpétuelle recherche pour améliorer mes talents de cheffe de cuisine. Je sortais dans les restos pour m'inspirer de façons de cuisiner différentes ; je lisais des magazines de cuisine ; je regardais des documentaires ; je passais des heures en cuisine, à tester de nouvelles recettes, de nouveaux mélanges. Mon cerveau était en ébullition en permanence ! Je ne débranchais jamais.

Pourquoi vouloir tant ? Pourquoi cette course effrénée au toujours mieux, toujours plus ? En fait, je crois que je ne voulais pas subir ma vie. Je l'ai bien trop subie lorsque j'étais jeune, avec mes parents. À l'époque, je faisais toujours ce que l'on attendait de moi et j'essayais de le faire en mode « parfait ».

Alors dès que j'ai pu, j'ai voulu me démarquer, ne pas être un mouton et montrer à tous que je pouvais arriver à réaliser ce que je voulais faire, moi, Sonia. Pas uniquement ce que l'on attendait de moi.

Et j'ai réussi. Je me suis démarquée dans ma façon de cuisiner et de concevoir mon métier. Mais à quel prix… J'ai travaillé jusqu'à l'épuisement, comme une droguée, et j'ai fini par devenir dépendante de mon travail.

Aujourd'hui, j'ai appris à me calmer. Mes quatre burn-out ont été des signaux d'alerte qui m'ont prévenue : il fallait que j'arrête, j'étais allée beaucoup trop loin.

Si vous avez perçu qui je suis, vous comprendrez que pour moi la vie au quotidien, « à l'extérieur », est lente, monotone et ennuyeuse. J'ai l'impression de vivre au ralenti dès que je ne suis plus dans mon restaurant. La vie en cuisine, qui ressemble tellement à la vie de nuit, est plus trépidante, pleine de stimulations, de bruits, de lumières.

Alors oui, je l'avoue, je m'ennuie dans la vie « normale » !

Et forcément, quand je suis en congé, je suis en manque… En manque… Ça craint un peu, non, de se sentir en manque quand on n'est pas au boulot ? OK, je suis accro à mon métier. Je ne serais pas addict, quand même ?

« Addict », ce mot me titille... J'ai donc voulu en savoir un peu plus.

Dans une étude de l'Inserm (Institut national de la santé et de la recherche médicale) on peut lire : « Les addictions sont des pathologies cérébrales définies par une dépendance ou une activité, avec des conséquences délétères. » Lorsque cette addiction est liée à « la pratique anormalement excessive » d'une activité, elle peut conduire à une « perte de contrôle du niveau de pratique, une modification de l'équilibre émotionnel, des troubles d'ordre médical » ainsi que « des perturbations de la vie personnelle, professionnelle et sociale ».

Si je veux être honnête avec moi-même, je me sens un peu concernée quand même. Mais bon, je ne bois pas, je ne me drogue pas, alors de là à parler d'addiction...

Eh bien, si ! Je suis accro à mon travail, et cela porte un nom, le « workaholisme », comme l'explique un article du « G. A. E. Conseil, expert des addictions en entreprise ». Cet article indique que le travail devient une addiction lorsqu'il « prend le pas sur les autres pans de la vie, qu'il s'agisse des loisirs, de la vie sociale, de la vie de famille... ». Ce n'est pas faux, en ce qui me concerne, ou du moins c'était le cas à une époque de ma vie, fort heureusement révolue aujourd'hui.

Toujours dans cet article, on peut lire : « Une personne ayant une faible estime d'elle-même et voyant le travail comme la seule manière de s'accomplir a de plus forts risques de devenir accro au travail. Il en va de même pour les individus qui sont particulièrement perfectionnistes. »

Aïe ! Touchée ! La perfectionniste que je suis doit bien avouer qu'elle se reconnaît dans ces lignes...

Eh oui, soyons honnêtes, et vous savez que je le suis, j'étais accro à l'adrénaline provoquée par le rythme du travail en cuisine. Mais vous en conviendrez, il est difficile de résister à ces montées d'adrénaline dans notre milieu professionnel.

Cette hormone est produite par les glandes surrénales. Elle entraîne une accélération du rythme cardiaque, une augmentation de la pression artérielle et une dilatation des vaisseaux sanguins vers les muscles afin de fournir plus d'oxygène et de nutriments. Cela prépare ainsi le corps à l'action en mobilisant de l'énergie. C'est une réponse de l'organisme à une situation stressante ou excitante.

Et croyez-moi, dans la restauration, ces situations sont notre quotidien.

Il y a d'abord la pression temporelle : le rythme de travail est intense, rapide, efficace. On est en permanence en mouvement. Et il faut faire vite ! Les chefs et les cuisiniers doivent préparer des plats dans des délais stricts et souvent très courts. L'adrénaline permet d'augmenter notre vigilance et notre performance.

Ajoutez à ça que le travail que nous accomplissons chaque jour est physique. Il nous faut manipuler des équipements chauds, rester debout en permanence (vous avez déjà vu un cuisinier assis ?), porter parfois des charges lourdes et effectuer des tâches répétitives. L'adrénaline fournit de l'énergie supplémentaire et améliore notre force physique et notre endurance.

Inutile de préciser que nous évoluons dans un environnement dynamique et imprévisible, avec des pics d'activité très intenses, des défis à relever, des erreurs à rectifier. Bref, il faut être partout à la fois.

Et c'est vrai que des montées régulières d'adrénaline nous permettent de tenir le coup. Elle a l'air plutôt sympa, cette petite hormone, non ? Mais attention, il est facile d'y prendre goût au point d'en devenir accro. Et c'est là que tout peut basculer. Car si l'adrénaline peut apporter une énergie supplémentaire, elle est avant tout l'« hormone du stress ». Aïe ! Et une exposition constante et prolongée à un niveau élevé de stress peut conduire au burn-out. Nous y sommes…

Voilà pourquoi il est important de mettre en place des stratégies d'autogestion du stress au quotidien, et de trouver un équilibre entre l'adrénaline et le bien-être. Sans cela, pas de carrière durable dans le monde de la restauration.

Votre profession, aussi passionnante et prenante soit-elle, n'est qu'une partie de votre vie. Elle ne doit pas la remplir au point de laisser un vide immense lorsque votre journée de travail est finie ou que vous êtes en repos.

Il est important de remettre votre boulot à sa place dans l'ordre de vos priorités. Ne faites pas les mêmes erreurs que moi !

Mais peut-être vos journées hyper-chargées remplissent-elles un vide que vous ne savez pas comment combler autrement ? Je comprends. Ce fut longtemps mon cas. J'ai rempli le vide émotionnel dont je souffrais en me jetant à corps perdu dans le travail. Et lorsque je me retrouvais seule, loin de la cadence effrénée des cuisines, j'étais complètement déstabilisée.

Je vous ai parlé de la sensation d'être perdue lorsque je suis en congé. De ce vide, ce manque, un peu comme un artiste après une tournée…

Vous avez partagé votre savoir-faire avec un public, vos clients. Si vos plats ont été appréciés, vous aurez peut-être été remercié, voire applaudi. Une reconnaissance qui fait chaud au cœur.

Je me souviens du plus beau compliment que j'aie jamais reçu : il venait d'une petite fille qui avait mangé un de mes plats et qui avait demandé à sa maman si un mot existait pour décrire la sensation que l'on éprouve quand on mange un plat si bon que cela donne envie de pleurer. Imaginez le bonheur et la reconnaissance que j'ai ressentis à ce moment-là. Cela fait un bien fou !

Vous vous sentez vivant, bien à votre place dans votre cuisine. Vous en oubliez tout le reste !

Mais lorsque le rideau tombe et que vous rentrez chez vous, vous éprouvez une sensation de vide que seul un retour en cuisine comblera, surtout si votre vie familiale et sentimentale est un désert.

Je sais que ce paradoxe fait écho en vous, que vous avez déjà ressenti cet « ennui » qui aurait pu être salutaire et dont vous n'avez pas su profiter.

Tout comme vous, j'étais accro à mon métier. Et j'avoue que je le suis encore aujourd'hui, même si je fais en sorte de trouver du temps pour moi.

Je suis persuadée que 100 % des passionnés par ce merveilleux métier de la cuisine ont fait, sont en train de faire ou feront un burn-out…

Il ne peut en être autrement, car tout concourt à le déclencher, à plus ou moins longue échéance. Vous ne travaillez pas en restauration ? Vous n'êtes pas pour autant à l'abri d'un burn-out, car ce mal sévit de plus en plus dans bon nombre de milieux professionnels.

Je pense à Camille Lacourt, le quintuple champion du monde de natation, qui s'est effondré, lui aussi, après les Jeux olympiques de 2012. Dans une récente émission à la télévision, ce sportif de haut niveau s'est confié sur son burn-out : « Un matin, on ne se lève pas. On reste au lit. On se dit que ça ne sert à rien… […] J'avais l'impression de tomber, d'être dans une chute libre incessante. »

Camille Lacourt a commencé à surmonter son burn-out le jour où il a compris qu'il lui fallait « toucher le sol pour pouvoir se relever ». Il explique : « La clé… a été de me fixer de petits objectifs concrets : me raser la barbe, me laver tous les jours, prendre mes repas à horaires fixes, essayer de sortir de l'inertie. »

Le burn-out de Camille Lacourt trouvait son origine dans sa contre-performance aux Jeux olympiques de 2012, dans le fort sentiment d'échec qu'il avait ressenti alors : « J'avais travaillé des années pour arriver aux Jeux olympiques, j'étais champion du monde en titre… Et je fais quatrième aux Jeux. Je me dis que les dix à quinze ans que j'ai passés dans une piscine n'ont servi à rien, pour en arriver à un échec. »

Le champion de natation met en cause avant tout le niveau de stress auquel sont confrontés les sportifs de haut niveau. Le burn-out qu'il a vécu a bien failli lui faire arrêter la compétition.

Les quatre burn-out que j'ai vécus auraient pu me faire arrêter la cuisine…

Pourquoi son parcours trouve-t-il écho en moi ? Parce qu'il n'a pas baissé les bras ! Il a décidé qu'il s'en sortirait. Comme il l'a confié au journal *Le Parisien*, « l'échec n'est pas d'échouer, mais d'abandonner ». Et je suis entièrement d'accord. Malgré mes quatre burn-out, je n'ai jamais abandonné !

J'en suis convaincue : à ce stade de la lecture de mes pages, vous savez déjà que j'ai raison.

À travers mes lignes, c'est vous que vous voyez évoluer.

Tout ce qui m'a fait souffrir fait écho à votre quotidien. Vous la ressentez si fort, cette fatigue qui s'est installée insidieusement…

Vous y êtes.

L'épuisement physique, mental et émotionnel, est là. Votre corps vous lâche, mais vous vous conditionnez pour continuer. Allez hop ! Un petit cocktail de café mélangé à la pastille magique, et vous pourrez tenir encore quelques heures, peut-être même quelques jours !

Je vous l'assure, je suis passée par là.

Tout comme vous, j'ai cru moi aussi que je pouvais négocier en permanence avec ma santé. Qu'il me suffirait d'une bonne nuit de sommeil ou de quelques jours de repos pour que tout rentre dans l'ordre.

Il n'en sera rien, croyez-moi. Récupérer avec quelques nuits d'un mauvais sommeil ne suffira pas. Vous allez cumuler la fatigue autant que les heures supplémentaires. Petit à petit votre attitude va changer. Vous n'en serez sûrement même pas conscient, en tout cas au début. Votre entourage proche, votre famille ou vos amis le verront peut-être si le regard qu'ils portent sur vous est assez attentif et bienveillant. Votre patron et vos collègues de travail s'en rendront compte mais ils ne diront rien parce qu'ils vivent sans doute la même chose que vous.

Un stress qui deviendra dangereusement chronique va vous envahir au point de faire partie intégrante de vous. Aux sautes d'humeur vont succéder les crises de colère ou les moments d'abattement.

Vous vous énervez sur une mayonnaise qui refuse de prendre ou sur l'assiette que vous n'arrivez pas à dresser. Et plus vous vous énervez, moins votre assiette est présentable.

Et ce patron qui vous hurle dessus parce que vous n'allez pas assez vite…

Le stress chronique qui est en train de vous consumer vous fait multiplier les erreurs. Ces erreurs vous déstabilisent. Qu'est-ce qui vous arrive ?

Moi, je le sais. Vous venez d'entamer une spirale infernale qui va vous conduire droit au burn-out ! Vous vous surprenez à détester ce métier que vous aimez tant et pour lequel vous donnez tout.

Vous êtes à la fois déçu et en colère.

Vous perdez le peu de confiance en vous qu'il vous reste. En fait, si vous n'y arrivez pas, si vous ne pouvez pas supporter ce rythme, c'est tout simplement parce que vous êtes nul ! Voilà, c'est ça, vous êtes nul, et vous n'avez absolument pas l'étoffe d'un chef de cuisine. !

Allez, ajoutons une couche supplémentaire à votre mal-être !

Il vous est de plus en plus difficile d'effectuer correctement votre travail mais vous vous acharnez, parce que vous aimez ce que vous faites, parce que vous ne voulez pas subir les foudres de votre patron, parce qu'il vous faut bien gagner votre vie… Autant d'excuses ou de craintes pour ne pas affronter la vérité : vous êtes en train de craquer.

Mais ce n'est pas le petit « craquage » de fin de semaine. Vous n'avez pas « juste » besoin de vacances. C'est toute votre vie qui vous échappe, toutes vos certitudes qui volent en éclats. Vous venez d'imploser…

Petit à petit, vous sombrez, mais sans vraiment vous en rendre compte. Votre travail a pris toute la place dans votre vie. Mais maintenant que vous n'y arrivez plus, que vous reste-t-il ?

Vous avez tout sacrifié à votre passion pour la cuisine. Vous avez délaissé toutes ces petites choses qui rendaient votre vie agréable et vous avez fait, bien malgré vous, le vide autour de vous.

8

Alors on fait quoi maintenant ?

Vous continuez sur votre lancée et vous allez droit dans le mur ou vous écoutez enfin les signaux que votre corps vous envoie ?

Ces signaux, vous ne pouvez pas les ignorer, parce que vous n'avez plus le choix.

Parce qu'ils sont là, présents, au quotidien : insomnies, perte d'appétit et perte de poids, anxiété, troubles de l'humeur, irritabilité, manque d'énergie, sentiment de ne plus être bon à rien… Et cette fatigue, si lourde, si intense…

Parce que tous ces symptômes font de votre vie un enfer, dites : « Stop ! » Il faut que ça s'arrête.

Dites-le : « Stop ! »

Et si vous ne vous reconnaissez pas vraiment dans ce que je viens d'énumérer, sachez que le burn-out peut prendre plusieurs formes, histoire de compliquer un peu les choses.

Vous ne vous sentez pas en mode *speed*, énervé et d'une humeur de chien ? Tant mieux !

Mais dans tous les cas, la fatigue est là, si intense que la plus petite tâche que vous avez à accomplir vous paraît insurmontable. Je vous l'ai dit, il ne peut en être autrement : à un moment ou un autre de votre carrière dans la restauration, votre corps vous lâchera. Et votre tête suivra.

Alors si vous traînez les pieds en cuisine (ce qui est plutôt mal vu), si mitonner des petits plats ne vous intéresse plus et si votre créativité est proche du niveau zéro, interrogez-vous !

Ne suis-je pas en train de m'approcher lentement mais sûrement du bord du gouffre ?

Sur un plan strictement médical, comme je l'ai déjà expliqué en détail (vous noterez que j'ai bien bossé mon sujet) un burn-out déclenche un bouleversement hormonal avec, entre autres, une hyper-sécrétion de cortisol, une hormone qui altère les neurones de la zone du cerveau responsable de la mémoire et de la concentration.

Ce trop-plein de cortisol endommage également les neurones de la zone dédiée aux prises de décision.

Cela explique à quel point il est difficile, lorsque vous subissez un burn-out, de vous en rendre compte et de décider qu'il est temps que cela s'arrête.

Je vous ai aussi parlé des conséquences d'un stress chronique sur les systèmes digestif et immunitaire.

La fatigue, intense, devient quotidienne et vous rend plus vulnérable sur les plans physique et psychologique.

En clair, vous allez attraper tout ce qui traîne !

Et toujours sans pouvoir vous mettre en arrêt maladie bien entendu…

Pour ma part, je souffre désormais de la maladie de Hashimoto, une inflammation auto-immune chronique de la thyroïde. J'ai épuisé mon corps, je n'ai pas été à son écoute, aujourd'hui j'en paie le prix…

Alors vous irez peut-être voir votre médecin, ce qui serait déjà un premier pas vers la reconnaissance de ce profond mal-être, ce déséquilibre sans nom que vous ressentez. Il vous proposera certainement un arrêt maladie pour « troubles de l'anxiété, dépression ou asthénie », mais le terme « burn-out » ne sera noté nulle part.

Chut… !

À ce moment-là, vous n'êtes plus au bord du gouffre : vous venez de tomber, une chute vertigineuse dont vous pensez ne jamais pouvoir vous relever.

C'est votre cas ? Vous vous reconnaissez dans mes lignes ? Oui, vous êtes en train de faire un burn-out ! Et vous ne le saviez même pas…

Nous avons Repéré, c'est notre premier « R », et analysé les situations et les circonstances qui vont ou peuvent vous faire trébucher, si ce n'est pas déjà fait.

Si vous vous êtes reconnu dans ce que j'ai vécu et que j'ai partagé avec vous, nous allons pouvoir avancer, vous allez pouvoir avancer.

Je veux vous aider à vous en sortir ou vous éviter de subir ce qui aurait pu me détruire, à quatre reprises, un burn-out !

C'est volontairement que j'utilise ce mot une fois encore. Pour que vous l'entendiez. Pour que vous puissiez vous dire : « J'ai le droit de le prononcer moi aussi ! » Ce mot, ce sujet ne doivent plus être un tabou, que ce soit dans le milieu de la restauration ou dans n'importe quel autre domaine d'activité.

Allez hop ! On prend le taureau par les cornes, on ouvre les yeux, on arrête de se mentir ou de se voiler la face et on décide de sortir de cet état ! OK ?

Je voudrais pouvoir vous entendre hurler à pleins poumons : « Stop ! »

Pas facile, hein ?

Mais certainement pas impossible.

Il vous faudra beaucoup de courage, une sérieuse remise en question, un entourage soigneusement choisi et un peu de malice aussi, mais je suis persuadée que c'est possible.

Si je m'en suis sortie, et croyez-moi, j'ai de lourds bagages à porter, vous pouvez vous aussi y arriver, malgré toutes les choses horribles que j'ai pu vous raconter sur les coulisses de la restauration. Horribles mais véridiques. Je sais que je ne vous apprends rien si vous travaillez en cuisine, c'est sans nul doute votre quotidien.

Malgré tous ces aspects sombres que j'ai dénoncés, je continue de croire que le métier de la cuisine est et peut parfaitement redevenir beau et même merveilleux. Il n'y a pas de fatalité !

Voyons cela dans la partie qui suit, celle qui nous mènera vers la Résilience, notre deuxième « R ».

9

R comme « Résilience » !

Vous venez de percuter : vous êtes en plein burn-out !? Je sais, ce n'est pas facile de reconnaître qu'on en est arrivé à ce point de quasi-non-retour. Vous ne voulez pas l'admettre ou vous n'en avez le plus souvent même pas conscience. Mais si vous vous êtes reconnu dans mes lignes, vous avez déjà effectué un travail énorme. Voilà le premier pas vers la « guérison », l'acceptation !

Osez dire : « Je ne vais pas bien et ce que je vis n'est pas normal. »

Accordez-vous ce droit fondamental à vous sentir bien, tant dans votre tête que dans votre corps. De toute façon vous n'avez pas le choix. Si vous souhaitez poursuivre votre route dans les meilleures conditions possible, vous devez harmoniser votre physique et votre mental avec vos valeurs, vos convictions profondes.

Que vous fassiez un burn-out ou pas, croyez-moi, vous ne finirez pas votre carrière dans la restauration si vous n'avez pas une réelle prise de conscience. Ça tombe bien, ça rime avec résilience ! Le deuxième « R » du chemin que je vous propose.

10

Savoir bien s'entourer, c'est si nécessaire !

Il vous faudra ensuite accepter que vous avez besoin d'aide. Eh oui ! Vous ne vous en sortirez pas tout seul.

Vous vous sentez certainement l'âme d'un battant, d'un champion, car vous vous en êtes toujours sorti. Vous en avez vu d'autres, comme on dit.

Mais faites-moi confiance, lorsque vous êtes en plein burn-out, tout ce que vous pensiez être peut voler en éclats. Et vous risquez fort de passer de l'état de super guerrier à celui de petite chose fragile…

Non, vous ne vous en sortirez pas tout seul !

Je le sais. Je l'ai vécu.

Si j'ai souffert de plusieurs burn-out, c'est aussi parce que je n'ai pas su m'entourer des personnes dont j'avais besoin à ces moments-là, des personnes à l'écoute et compétentes. Je ne pouvais recevoir aucune aide de ma famille, il aurait fallu que j'accepte de me tourner vers des professionnels.

Mon expérience peut vous éviter de trébucher à plusieurs reprises et de multiplier les burn-out. Ils ne sont pas, je l'ai dit et je le répète, une fatalité.

Vous pouvez vous en sortir, mais remonter la pente sera long et difficile parfois. Voilà pourquoi vous devez mettre toutes les chances de votre côté. Et j'espère sincèrement que mon livre fera partie de ces « chances », qu'il vous aidera à franchir ce cap, à vous retrouver.

Professionnels, famille ou amis, vous devez être entouré, soutenu et accompagné. Le choix des personnes qui vont vous aider est important, je dirais même primordial. Éloignez-vous de celles que vous considérez comme toxiques. Rappelez-vous le syndrome de « l'éponge trop mouillée » !

Vous êtes au bord du gouffre ou au fond du trou : vous n'avez pas besoin d'absorber en prime les problèmes et le mal-être de ces personnes qui ne vous apportent rien mais attendent beaucoup de vous. Elles ne pourront pas vous épauler. Au contraire, elles vous maintiendront la tête sous l'eau, car elles participent peut-être, que dis-je, sans aucun doute, à votre burn-out… Croyez-moi, j'en ai fait la triste expérience…

On avance, tout doucement.

Vous avez accepté l'idée que vous faites un burn-out et que vous avez besoin d'aide. Premier pas énorme. Mais je ne vais pas vous mentir, le plus difficile est à venir.

11

Faire face à son burn-out !

Pour vous en sortir et surmonter votre burn-out, vous allez devoir affronter vos démons. Eh oui, vous pouvez être votre pire ennemi !

Vous l'entendez, cette petite voix qui vous souffle : « Meuh non, tu n'es pas en train de faire un burn-out » ? Elle murmure à votre oreille : « Tu es juste fatigué. Après une bonne nuit de sommeil et un comprimé de vitamine C, tu seras au top pour y retourner ! »

Vous l'entendez, cette fichue exigence qui vous pousse à transcender votre épuisement pour que le dernier des derniers clients soit aussi bien servi que le premier ?

Vous l'entendez, cet irrésistible attrait pour les fourneaux et les possibilités infinies de recettes que vous rêvez de créer ?

Alors bouchez-vous les oreilles ! Vous n'êtes qu'au début de la lente escalade qui vous sortira du gouffre.

Il va falloir vous secouer et apprendre à dire « non » !

Il vous faudra aussi affronter votre entourage professionnel, votre famille peut-être, et le regard de la société. Selon le milieu dans lequel vous évoluez, il n'est pas tendre. Et dans le monde de la restauration tout particulièrement, le mot « burn-out » est tabou, vous l'avez bien compris. Un tabou que vous devrez briser si vous voulez vous en sortir, en exprimant avec vos mots, haut et fort, votre mal-être. On doit vous entendre !

Au début de ce livre, j'ai longuement expliqué pourquoi ce mot est si difficile à prononcer, distinctement et au grand jour : il fait voler en éclats la belle image que l'on a de la restauration. Comment imaginer que, derrière des restaurants très cotés, référencés dans les guides gastronomiques et dirigés par de grands chefs reconnus, se cache parfois une sombre réalité ? Que ce soit dans ces établissements prestigieux ou dans des petits restaurants moins prétentieux, bon nombre d'employés, voire de patrons, ont fait, sont en train de vivre ou referont, j'en suis intimement convaincue, un burn-out.

Je les invite à me lire.

Ce sera donc à vous de prononcer ce mot tabou.

Burn-out !

Dites-le : « Je suis en train de faire un burn-out. »

Non, pas une petite déprime passagère. Encore moins un coup de mou.

Un burn-out !

Un effondrement physique et mental de tout votre être. En prononçant ces mots, vous acceptez l'idée que vous en avez demandé beaucoup trop à votre corps, beaucoup trop à votre mental, et qu'il faut que ça s'arrête.

Et n'allez surtout pas culpabiliser ! Vous avez fait de votre mieux. Bien souvent, vous n'avez même reçu aucune reconnaissance pour votre investissement sans limite. Vous avez tenu autant que possible, jusqu'à vous oublier. Il est temps de remettre les priorités dans le bon ordre, non ?

Quelle est la vôtre ?

12

Remettons les pendules à l'heure

Longtemps, ma priorité fut mon travail. Je n'arrivais pas à lâcher prise. Rien n'allait jamais assez vite, rien n'était jamais assez bien. J'étais accro au boulot et je voulais tout contrôler.

Ma passion pour la cuisine me consumait tout entière. Elle était le feu sacré qui m'animait et qui m'anime encore aujourd'hui.

Comment vous la décrire, cette passion qui me dévore ?

Elle est d'abord un engouement très marqué pour la nourriture : le goût des aliments, leur texture, leur odeur, leurs couleurs… tout ce qui peut éveiller la gourmandise et le désir irrésistible d'en faire sortir quelque chose de bon et de beau.

J'ai toujours adoré manger, car cela me fait me sentir vivante. Manger fait pétiller mes papilles tout autant que mon cerveau, comme un shoot d'adrénaline ! C'est peut-être le seul moment où je savoure pleinement l'instant présent.

Je vais d'ailleurs vous faire une confidence : c'est la raison pour laquelle j'adore manger seule. À ce moment précis je suis en totale connexion avec la nourriture et les sensations qu'elle me procure. Ça n'a pas toujours été le cas car « manger en pleine conscience » m'a demandé un long travail personnel.

Mais revenons-en à ma passion pour la cuisine. Revenons à ce bonheur de manipuler toutes sortes d'aliments de couleurs, de textures et de saveurs différentes, auquel s'ajoutent les possibilités infinies de les associer ou de les opposer.

Cuisiner me permet de libérer ma créativité et croyez-moi, elle est sans limite !

Nourrie, certes, par l'expérience que j'ai pu acquérir au fil de mes différents boulots ou auprès des chefs que j'ai rencontrés lors de mes balades dans notre beau pays, cette créativité prend sa source avant tout dans ce que je vis et dans qui je suis, moi, Sonia.

À travers mes recettes c'est tout mon être qui s'exprime, avec passion et sincérité.

J'exprime mon audace, quand j'associe de la viande avec des crustacés ; mon signe zodiacal, la balance, dans mes plats sucrés-salés ; quand j'entremêle des saveurs différentes mais complémentaires, mon homosexualité, cette part de masculinité en moi conjuguée à la douceur féminine, mon yin et mon yang ; mon amour pour la planète Terre, lorsque je sélectionne les meilleurs produits locaux ; mon respect, quand j'achète mes produits à des agriculteurs passionnés ; mon authenticité et mon humanité, quand je sélectionne des produits chez des éleveurs qui prennent en considération le bien-être animal.

Je vous l'ai déjà révélé, je suis hypersensible.

Toutes mes perceptions extrasensorielles sont retranscrites dans mes plats : dans chaque recette, je vous raconte une histoire, un petit bout de ma vie.

Il suffit d'une émotion, d'une couleur, d'un parfum, parfois même d'un jeu vidéo que j'aime pour qu'une nouvelle recette voie le jour. Et cette nouvelle recette, je vais la tester, encore et encore, l'améliorer, la peaufiner, jusqu'à obtenir très exactement ce que je voulais.

J'adore surprendre et sortir des sentiers battus. Si vous jetez un coup d'œil à la carte de mon restaurant, vous verrez que le sucré côtoie le salé avec malice et que les épices qui relèvent mes plats vous invitent au voyage…

Quel magnifique challenge pour une cheffe de cuisine que de répondre au besoin d'extraordinaire et d'inattendu qu'ont les clients qui viennent dans mon restaurant ! Oui, ils goûtent chez moi des plats qu'ils ne trouveront nulle part ailleurs, des associations qui pourraient sembler improbables, des saveurs originales que je mélange au gré de mes créations, de mes envies et de mon humeur du moment.

J'en suis fière, et mes clients reviennent !

Leur attente me pousse en permanence à me dépasser. La cuisine requiert le dépassement de soi : rechercher la perfection, tendre vers l'excellence.

Vous le savez aussi bien que moi, elle est une maîtresse exigeante. Je le suis aussi !

Voilà pourquoi je suis toujours en quête de nouvelles recettes, de nouvelles saveurs. Je me documente sur les traditions culinaires des pays étrangers, je guette le moindre goût inconnu de mes papilles…

Si j'avais la chance de voyager dans des pays chauds, j'adorerais pouvoir sentir le parfum de la banane encore sur l'arbre. Si je ferme les yeux, j'arrive presque à le sentir… Je suis certaine qu'au fond de moi dort une chamane !

13

Le défi quotidien de la créativité

C'est donc avec bonheur que je relève ce défi quotidien : créer, innover, améliorer. Mais avant tout, je me fais plaisir en faisant plaisir à autrui : mes clients.

Il faut reconnaître que la cuisine professionnelle peut être une source d'intense satisfaction personnelle. Pour ma part j'estime que c'est un métier hautement gratifiant qui flatte mon *ego* et fait du bien à ma « confiance en moi ».

Lorsque je termine un service qui s'est déroulé sans accroc, même s'il a été très intense, que mes clients ont été satisfaits par les assiettes que je leur ai présentées et que mon équipe en cuisine est contente elle aussi, je suis fière de moi, fière de la cheffe de cuisine et du patron que je suis devenue.

Et j'ai raison de l'être ! Il est important d'être heureux et fier de ce que l'on fait, surtout lorsqu'on le fait bien, et lorsque l'on fait de son mieux.

Mais toujours adepte de la franchise, je me dois de vous préciser que je suis caractérielle.

Et oui, nul n'est parfait ! Pourquoi cette précision ? Parce qu'elle va vous aider à comprendre pourquoi je peux rester enfermée des heures durant dans ma cuisine !

M'activer devant les fourneaux me coupe du reste du monde et me protège d'un trop-plein d'émotions que je peux ressentir « à l'extérieur » et que je n'arrive pas toujours à gérer, en raison de l'hypersensibilité qui me caractérise. Ces émotions, lorsqu'elles sont trop nombreuses, peuvent générer du stress... Dans le cocon rassurant de ma cuisine, je peux me concentrer sur les recettes que j'élabore sans être parasitée justement par ce qui vient de l'extérieur.

Et je dois vous avouer que je vis très bien cet « enfermement » car j'adore évoluer dans une cuisine professionnelle. Il y a une forme d'autisme dans cette façon de se couper du monde.

Je vibre quand je pénètre dans cet endroit qui a quelque chose de magique. Tous les appareils, les plans de travail, les pianos, l'inox qui brille, le tintement des casseroles, le matériel qui permet de créer, m'invitent à assouvir ma passion, la cuisine. Les caisses et les frigos remplis des produits parfumés et multicolores que j'ai soigneusement choisis n'attendent que mon équipe et moi pour devenir ce petit bout d'histoire que vous allez retrouver dans votre assiette.

Je vous ai avoué être caractérielle, sachez aussi que j'adore faire preuve d'autorité.

Vous êtes peut-être en train de vous dire : « Ouh là ! Pas commode, Sonia ! » Mais utilisée à bon escient, l'autorité est incontournable pour qu'un service soit fluide. Et donner des ordres, des directives, n'est pas forcément synonyme de hurler sur quelqu'un. Bien au contraire...

Je sais tout autant être compréhensive avec mes équipes.

La cuisine professionnelle nécessite souvent une collaboration étroite avec d'autres chefs et tous les membres du personnel. Quel que soit le statut des employés dans la restauration, chacun a sa place et elle est indispensable.

La communication et le travail en équipe sont donc primordiaux. C'est la raison pour laquelle je fais de mon mieux, dans mes restaurants, pour être un meilleur leader. C'est l'une des raisons pour lesquelles je travaille à mon développement personnel. Je veux faire partie de ces « bons » patrons, qui sont compréhensifs et bienveillants, tout en faisant preuve d'autorité et de fermeté quand c'est nécessaire.

Je veux pouvoir compter sur mes équipes sans générer la peur ou le mal-être.

Lors des entretiens d'embauche pour mes restaurants je suis transparente sur les valeurs que je défends, le salaire, les horaires, l'attitude des uns envers les autres. Je ne cache pas l'exigence du travail dans ma cuisine, ni qui je suis. Je suis claire quand je précise quelles sont mes attentes. Je fais en sorte que les employés que je recrute sachent à quoi s'attendre en venant travailler dans mes restaurants.

Mais ce que je propose à mes salariés est plutôt pas mal, je dirais. Car je garde à l'esprit ce dont j'ai manqué lorsque j'étais employée : du respect, de la considération, de la reconnaissance et un salaire correct. Je vous l'ai dit, il est toujours possible de faire sortir du positif des expériences négatives que nous avons vécues.

Je ne veux surtout pas être ce chef de cuisine qui hurle comme un fou et lance une poivrière en direction d'un employé, quels que soient l'erreur ou l'oubli qu'il a commis…

14

Revanche, le retour du jet d'ail (Jedi)

Depuis toujours, mon rêve était d'ouvrir mon restaurant afin de pouvoir laisser libre cours à ma créativité et mettre en pratique les valeurs que je défends.

Mais c'est aussi pour changer les mauvaises conditions de travail que je suis aujourd'hui mon propre patron.

Je fais de mon mieux pour mettre en place un nouveau mode de fonctionnement en cuisine, qui puisse allier pour mes équipes la vie professionnelle et la vie personnelle, dans une ambiance détendue, autant que possible.

Je souhaite que mes restaurants soient un lieu de bien-être, que ce soit en salle ou en cuisine. Je veux pouvoir exercer cette profession que j'aime tant sans impacter de manière négative mes collaborateurs.

Chez moi, ni hurlements ni portes qui claquent. Tout passe par le dialogue, un discours parfois ferme mais toujours respectueux.

Il est hors de question que mes collaborateurs viennent au boulot la boule au ventre comme je l'ai fait, moi, pendant tant d'années.

J'en suis convaincue : dans une ambiance détendue et sereine, chacun trouve sa place et effectue correctement son travail. Chacun peut exprimer sa créativité parce que rien ne l'entrave. À commencer par moi.

Alors je m'exprime.

Sans limites, sans peur, sans tabous !

Je veux que ma cuisine reflète qui je suis.

Et j'ose espérer que les clients de mes restaurants prennent autant de plaisir à déguster les assiettes que je leur prépare que j'en ai pris, moi, à les élaborer avec soin, avec amour, avec passion…

Puisque je vous parle du plaisir de manger, sachez qu'en psychanalyse, cet acte quotidien qui semble banal peut avoir une signification symbolique plus profonde.

Petit clin d'œil à mes années en faculté de psycho, c'est parti pour une explication qui, je l'espère, ne sera pas trop… indigeste.

15

Manger ses émotions

L'expression « se restaurer » peut être comprise comme une tentative de satisfaire un besoin fondamental de nourriture pour maintenir la vie. Jusque-là, rien de bien compliqué !

Mais il peut également être interprété comme une tentative de se « nourrir émotionnellement ». Se restaurer pour se réparer.

Nous y voilà !

On chercherait alors à combler un manque ou une insatisfaction. Dans ce sens, le fait de manger peut traduire le désir de restaurer un sentiment de plénitude, de confort et de satisfaction.

Cette démarche est liée à un sentiment d'insécurité ou d'angoisse.

Elle peut aussi émaner de souvenirs d'enfance, période à laquelle la nourriture était souvent associée à une sensation de sécurité et de réconfort. Un bébé que l'on met au sein cesse immédiatement de pleurer…

Allons jusqu'au bout de l'explication : l'acte de manger peut être lié à la sexualité, à la satisfaction des désirs sexuels.

Par exemple, les actes de manger et de boire peuvent symboliser la satisfaction des désirs oraux qui sont liés à la phase orale du développement psychosexuel.

Vous n'imaginiez pas que le simple fait de manger pouvait révéler autant sur vous, n'est-ce pas ?

Fin du cours, mais je vous laisse méditer sur la signification de l'expression « se restaurer »...

16

Ma madeleine de Proust

Avant cet aparté, j'étais en train de vous expliquer les raisons de ma passion pour la cuisine. Je vous l'ai dit, créer des recettes et mitonner des petits plats me font me sentir vivante.

Mais je ne serais jamais devenue cheffe de cuisine sans ma mère et ma grand-mère. Tout comme Obélix dans la marmite, la cuisine, je suis tombée dedans lorsque j'étais enfant. Elle fut, et elle est encore à ce jour, ma potion magique, mon remède anti-déprime, mon souffle, ma vie.

Ce sont les premières personnes qui m'ont fait aimer la nourriture et, plus exactement, la cuisine. J'assimile les petits plats qu'elles préparaient pour la famille à un véritable acte d'amour envers nous.

Ma mère et ma grand-mère donnaient le meilleur d'elles-mêmes pour nous faire plaisir. Et les ingrédients qu'elles utilisaient pour cuisiner n'étaient jamais médiocres ou de mauvaise qualité.

Au supermarché ou sur le marché, ma mère choisissait toujours les meilleurs produits. Et même mon père, alors commercial pour une marque de saucisson, a toujours vanté la qualité des produits qu'il plaçait et non leur quantité. Plus tard, il travaillerait pour une société de vente de vaisselle. Entre la cuisine de ma mère et les différents boulots de mon père, mon destin était bouclé ! L'équation était complète : nourriture + arts de la table = restauration !

En ce sens, mes parents ont, dès mon plus jeune âge, forgé la cheffe de cuisine que je suis devenue.

Je privilégie toujours la qualité et la fraîcheur des produits que j'utilise dans mes recettes. C'est la raison pour laquelle je travaille en étroite collaboration avec des producteurs locaux, pouvant ainsi garantir la traçabilité des produits qui finiront dans vos assiettes.

Avec un brin de nostalgie, je me rappelle les repas chez ma grand-mère, le dimanche à midi.

Dès la veille, elle préparait le déjeuner dominical.

Cuisiner demande du temps, du soin et de la patience. La soupe au pistou et la blanquette de veau étaient les recettes que je préférais, et ma grand-mère les réussissait à merveille. Un vrai régal !

Quel bonheur que ces repas pour la petite fille gourmande que j'étais ! C'était tellement bon que j'en rêvais toute la semaine et que j'attendais avec impatience le dimanche.

Ces petits plats mitonnés par ma grand-mère avaient le goût de l'amour, tout simplement…

C'est ainsi que naquit ma passion.

Mais je crois, non, j'en suis sûre, que la cuisine est inscrite dans mon ADN. Être cheffe de cuisine est véritablement une identité pour moi. Je ne peux être quelqu'un d'autre !

Voilà pourquoi j'ai fait autant de burn-out.

Je n'ai pas pu résister à ma passion, je l'ai laissé me dominer jusqu'à en oublier tout le reste.

Passion, manque à combler ou fuite en avant, je ne saurais dire pourquoi j'étais si addict. Mais je l'étais.

J'ai toujours fait passer mon métier avant tout le reste. Avant ma vie sentimentale, avant ma vie sociale, avant mon bien-être.

Et je suis perfectionniste, en prime ! Tout doit être parfait, que ce soit les produits que j'utilise, l'élaboration de la recette ou le dressage de mes assiettes. À vouloir atteindre la perfection, sans jamais déléguer, je n'avais aucune chance de passer au travers du burn-out…

Bingo ! J'en ai fait quatre !

Et je sais pertinemment que je ne suis pas à l'abri d'un cinquième si je laisse à nouveau ma passion me dévorer toute crue.

Chassez le naturel, il revient au galop !

À chacun de mes burn-out, j'étais persuadée que ce serait le dernier.

Dès que j'avais retrouvé un équilibre et rechargé mes batteries, la course à la réussite venait à nouveau me titiller. Difficile de lui résister…

Une fois de plus je me laissais emporter par le rythme effréné du travail et mon envie de réussir. Grosse erreur ! Immanquablement, je retombais dans le panneau. Je remettais le doigt dans cet engrenage infernal jusqu'à l'épuisement.

J'ai enchaîné ainsi quatre burn-out.

Pour ma part, je sais qu'ils ont été intimement liés à mon vécu personnel et à tout ce que j'ai subi en travaillant dans la restauration.

Mais un burn-out peut aussi survenir si ce que l'on fait ou ce que l'on vit ne nous convient plus. Pour plus de clarté, prenons l'image de petits seaux qui correspondent aux valeurs que nous avons : la famille, le travail, la confiance en soi, la reconnaissance, etc. Nous sommes heureux et en paix avec nous-mêmes lorsque notre vie remplit chaque petit seau de manière à peu près égale. Mais lorsque certains sont bien moins remplis que d'autres, il y a un déséquilibre. Il est alors temps de se réaligner avec ses valeurs. Quand c'est possible.

Pour faire court, quand on se connaît et que l'on sait ce qui est important et qui compte vraiment pour nous, que nos petits seaux sont remplis de manière équilibrée, nous sommes heureux. Mais quand on ne sait pas ce qui est important pour nous, ou quand la vie ne nous permet pas de remplir nos petits seaux, nous sommes malheureux.

Alors au quotidien, je fais désormais en sorte que ma vie remplisse de manière égale tous mes petits seaux… Nourrir les gens remplit un de mes seaux, la liberté d'être mon propre patron en remplit un autre. Vivre aux côtés de ma compagne en remplit un troisième, etc.

Et vous, avec quoi remplissez-vous vos petits seaux ?

17

Les bienfaits des limites

Pour sortir du gouffre dans lequel vous venez de sombrer, commencez par vous imposer des limites, vos limites, celles que vous avez dépassées tant de fois. Mais pourquoi être allé si loin ?

Par passion : « La cuisine est toute ma vie et je vais chercher à faire toujours mieux, à aller toujours plus loin, à répondre à mon exigence. »

Par peur : « Je vais me faire hurler dessus si je dis que je suis fatigué, si je ne vais pas assez vite » ; « Je ne suis pas à la hauteur de ce qu'on attend de moi. »

Par culpabilité : « Je ne vais pas laisser les collègues dans la panade ; je me suis battue pour en arriver là, alors je dois assumer sans me plaindre. »

Par lassitude : « J'ai vraiment besoin de congés mais je sais qu'ils me seront refusés, ce n'est même pas la peine de demander ; et puis, au point où j'en suis, je peux bien tenir encore un peu… »

OK, vous êtes passionné par votre métier. Je le suis aussi. Mais attention, la cuisine est une profession qui peut vous dévorer !

OK, vous adorez préparer de belles assiettes et faire plaisir aux clients du restaurant dans lequel vous travaillez ou qui vous appartient. Tout cela, je le comprends parfaitement. Tout comme vous, j'adore mon métier et je prends plaisir à l'exercer.

Mais je dois vous avouer que ça n'a pas toujours été le cas.

J'ai failli, et plus d'une fois, tout plaquer et rendre mon tablier… J'ai failli, et plus d'une fois, en arriver à être dégoûtée par cette profession que j'aime tant…

Alors ne faites pas comme moi, et réagissez quand il est temps, avant de sombrer.

Et si vous êtes déjà au fond du trou, prenez le taureau par les cornes et décidez que vous pouvez vous en sortir. Pas à votre quatrième burn-out. Non. Maintenant !

Mais je m'emporte… À juste titre. Parce que ce que vous vivez, à l'heure où vous me lisez, je l'ai vécu. Et je veux vous empêcher de perdre pied comme moi, j'ai perdu pied.

Alors apprenez à dire « non ».

Posez et imposez vos limites.

À vous et aux autres.

Cela ne fera pas de vous un moins bon cuisinier, un moins bon employé, un moins bon patron. Bien au contraire !

Détendu et à l'écoute de votre corps, vous n'en serez que plus créatif. Il vous sera plus facile de communiquer avec vos collègues. L'ambiance dans la cuisine n'en sera que plus sereine. En un mot, vous avez tout à y gagner, vos collaborateurs et votre patron aussi.

Alors dites « non », ces trois petites lettres qui peuvent changer le cours de votre vie et vous remettre sur pied.

Dites « non ! » à tout ce que vous ne voulez plus. Mais dites-vous « oui ! », à vous. Tout comme vous avez osé dire le mot « burn-out ». Faites-vous entendre et écoutez-vous.

Les métiers de la restauration sont éprouvants tant sur le plan physique que psychologique. Vous devez donc apprendre en premier lieu à écouter votre fatigue. C'est vraiment le point le plus important et c'est la raison pour laquelle j'insiste tant.

Ne poussez pas votre corps et votre esprit au-delà de ce qu'ils peuvent supporter.

Je sais, c'est mal vu. Mais c'est votre droit.

Et il y va de votre équilibre.

Votre patron ne vous renverra pas parce que vous faites les heures pour lesquelles vous êtes payé. Il a besoin de vous ! Même si c'est le feu en cuisine mais que vous n'en pouvez plus, sachez dire « stop ».

Bien souvent, vous irez au clash avec votre patron ou vos collaborateurs, surtout si vous leur avez donné l'habitude de ne pas compter vos heures. Mais n'oubliez pas que vous avez des droits et des lois qui vous protègent.

Alors dites non. Faites-le !

Même si vous vous sentez coupable, même si c'est mal perçu, faites-le ! Ne portez pas tout sur votre dos, vous éviterez également le mal symptomatique du même nom.

À l'heure actuelle, l'ambiance dans certaines cuisines ressemble plus à une dictature qu'à un espace de travail qui respecte sa convention collective.

Ce n'est plus tolérable.

Tout nous indique que les choses doivent évoluer.

Le monde de la restauration est entaché par de trop nombreux malaises, suicides, burn-out, démissions, fermetures d'établissement ou changements d'orientation.

L'incessant turn-over du personnel des restaurants est éloquent. La profession peine à recruter et, sans changements notoires, cette pénurie ne fera que s'aggraver. Mais je reviendrai sur le sujet.

Alors ne soyez pas le énième chef de cuisine qui rend son tablier, le énième serveur qui part sans même venir chercher son salaire, le énième patron qui met la clé sous la porte. Posez vos limites !

Au début, ce sera probablement difficile.

Vous essaierez sûrement de négocier encore avec votre patron, mais surtout, avec votre santé.

Vous vous direz que vous pouvez bien rester une heure ou deux de plus. Eh bien non ! Ces deux heures de plus seront deux heures de trop.

On vous demande de remplacer un collègue malade (il a osé se mettre en arrêt maladie) ? Refusez ! Et n'essayez pas de trouver une solution pour pallier cette absence. Ce n'est pas votre problème, c'est celui de votre patron.

Arrêtez d'être cette brave petite éponge !

18

Vous devez apprendre à écouter votre fatigue

La fatigue, c'est le premier signe qui indique que vous vous dirigez vers le gouffre, que vous venez d'entamer une spirale infernale qui vous entraînera bien plus loin que ce que vous pouvez imaginer.

La fatigue que vous ressentez n'est malheureusement qu'un début. Elle va provoquer en vous une flopée d'émotions négatives, allant de la tristesse jusqu'au désespoir.

Elle vous fait douter de vous, de vos capacités à réussir. Il vous devient difficile de vous concentrer sur quelque chose et les pertes de mémoire et les oublis vont se succéder. La fatigue vous fait voir la vie à travers un filtre gris, et tout vous semble dénué d'intérêt. Vous délaissez ce qui jusqu'alors vous apportait du plaisir.

Lorsque vous êtes épuisé, vous ne supportez plus grand-chose et il en faut peu pour vous faire craquer. Un bruit agaçant, un regard de travers, une recette ratée, un client irascible… Vous explosez !

Alors admettez et osez dire que vous êtes fatigué, si fatigué que vous refusez d'aller plus loin et que vous avez impérativement besoin de repos, d'heures de sommeil, de vacances, de moments de détente.

Apprenez à vous affirmer, osez vous exprimer ! Votre entourage professionnel et/ou familial n'a peut-être pas mesuré l'ampleur de votre fatigue. Si, comme moi, vous êtes toujours dans le mouvement, elle est peut-être même passée inaperçue.

Alors exprimez-vous. Je ne vous dis pas d'être agressif ou désagréable. Surtout pas ! Mais faites-vous entendre. Calmement, mais fermement.

Et au-delà de la fatigue, n'acceptez plus ce que vous jugez inacceptable, toutes ces choses qui vous font souffrir, qui sont violentes ou injustes. Rebellez-vous, dénoncez, portez plainte s'il le faut !

Ne vous laissez pas hurler dessus par un chef de cuisine certainement au bord de l'épuisement lui aussi. C'est votre supérieur, OK. Mais il vous doit le respect, quel que soit votre statut.

Si vous effectuez correctement votre travail, vous n'avez pas à subir les foudres de votre patron ou de vos collègues.

Et s'il vous arrive de commettre une erreur, refusez les propos dégradants, insultants ou violents.

Que ce soit dans la restauration ou dans n'importe quel autre domaine d'activité, d'ailleurs, vos supérieurs hiérarchiques n'ont pas à vous maltraiter, verbalement ou physiquement.

Leur valeur humaine n'est pas supérieure à la vôtre.

Tout peut être dit, mais calmement et de façon respectueuse.

Quel que soit votre statut, chef de cuisine, commis, plongeur ou serveur, vous avez droit au respect.

Votre travail est indispensable dans la chaîne qui mène de la cuisine à l'assiette posée devant le client. Alors ne vous laissez pas faire, n'acceptez pas d'être maltraité. Là encore, sachez dire non, ou stop !

Lors de votre pause-repas, arrêtez de manger à la va-vite sur un coin de table, dans le bruit et l'agitation.

S'il y a trop de clients à gérer, vous pouvez aussi manger après le service.

Et si vous ne pouvez pas vous isoler ? Mettez-vous un casque sur les oreilles et écoutez une musique que vous aimez. Mangez lentement, en prenant le temps de sentir les saveurs de ce que vous avalez.

Cette pause-repas doit être bénéfique. Elle doit vous permettre, ne serait-ce qu'un peu, de recharger vos batteries pour affronter les heures qui viennent.

Mais ne mangez pas uniquement parce qu'il faut « vous remplir » ou reprendre des forces pour tenir le coup.

Même sur un coin de table et dans le cadre de votre travail, essayez de retrouver le plaisir de vous nourrir.

Vous en ressortirez requinqué et prêt à affronter un service souvent intense.

Prendre le temps de sortir à la lumière du jour et de respirer autre chose que l'air des cuisines est salvateur. Cela vous permet de prendre du recul sur les heures que vous venez de passer en cuisine et d'aborder plus sereinement celles qui vont suivre.

Quand la fatigue devient trop lourde, ralentissez le rythme. Vous avez droit à des congés, certainement même à des heures ou des jours de récupération. Prenez-les !

Vous n'avez plus le choix. Vous devez lever le pied de l'accélérateur de ce bolide qui vous mène droit dans le mur. Réagissez !

Il existe des solutions toutes simples. Elles sont là, sous votre nez, mais, entraîné dans votre chute vous ne les voyez pas… Ce livre est là pour ça.

Vous manquez de sommeil ? Dormez ! Siestez ! Acceptez d'être en « mode loque » sur votre canapé. Prenez le temps de… ne rien faire ! Devant la télé, avec un bouquin ou juste à caresser votre chat. Reposez-vous !

Tant que vous serez fatigué physiquement, vous ne pourrez pas prendre les bonnes décisions pour sortir du burn-out. Cette première phase de repos est indispensable pour aborder plus sereinement les suivantes.

Vous manquez de temps pour pratiquer les activités sportives ou de loisir que vous aimez ? Prenez-le !

Le matin, le soir, lors de vos jours de repos ou si vous avez enfin réussi à demander les congés auxquels vous avez droit, faites ces activités qui vous détendent. Pour résumer, faites-vous du bien.

Même si ce n'est pas toujours évident, essayez de retrouver des horaires et un rythme réguliers.

Autant que possible, levez-vous et couchez-vous à la même heure. Votre corps a besoin de régularité, votre tête aussi.

19

« Il faut manger pour vivre et non vivre pour manger » (Socrate)

Veillez aussi à ce que votre alimentation soit équilibrée. Vous êtes cuisinier, vous êtes donc censé connaître les bienfaits d'une nourriture saine et variée. Des carences en vitamines et en minéraux ou un manque de protéines vous affaibliront un peu plus.

Vous n'avez pas faim ?

C'est malheureusement souvent le cas lorsque vous êtes épuisé. La fatigue entraîne une perte d'appétit qui ne fera qu'aggraver votre fatigue. Ne tombez pas dans ce piège.

Retrouvez l'envie et le plaisir de manger en vous ouvrant à toutes les sensations que vous pouvez ressentir devant votre recette préférée, celle que votre grand-mère vous mitonnait et que votre compagne ou compagnon ne réussit pas mal !

Évoluer dans un cadre horaire bien défini et donner à votre corps les nutriments dont il a besoin vous permettra de mieux vous concentrer sur l'essentiel, de moins vous éparpiller dans tous les sens.

Un esprit sain dans un corps sain ! Vous savez ?

Et si vous êtes en plein burn-out à l'heure où vous me lisez, vous avez d'autant plus besoin de cette concentration pour vous focaliser sur les changements que vous êtes en train d'opérer.

Avant toute chose, au risque de me répéter, j'affirme que vous devez être votre priorité.

Soyez à votre écoute.

Aimez-vous !

Aimez-vous avant d'aimer l'autre.

Même si cela ne correspond pas à la personne que vous êtes, apprenez à faire preuve d'égoïsme.

Oui, vous avez bien lu, d'« égoïsme » !

Jetez l'éponge ! Et jetez-la une bonne fois pour toutes !

Vous n'en serez pas moins la « bonne personne » que vous vous acharnez à être depuis tant d'années. Le fait de ne pas acquiescer à tout ce qu'on vous demande ne change pas votre personnalité profonde. Vous serez simplement une « bonne personne respectueuse d'elle-même ». Faire preuve de respect envers soi-même est encore une autre façon de poser des limites. Alors apprenez ou réapprenez à dire « non » à ce que vous ne voulez pas ou plus faire, « non » à ceux qui vous demandent de le faire.

Mais dites-vous « oui ! ». « Oui » à vos besoins, « oui » à vos envies, « oui » à vos rêves, « oui » à une vie épanouie. Faites-vous du bien !

Je sais que tout cela peut sembler difficile à réaliser, surtout si vous êtes en plein burn-out et que la sortie du tunnel vous paraît inaccessible… Mais vous y arriverez. J'ai douté, moi aussi, mais regardez où j'en suis aujourd'hui. Oui, il m'a fallu du temps et un travail en profondeur sur moi-même avant de pouvoir prononcer distinctement ce « non » que j'attends de vous.

Pour arriver à dire « non », un non réfléchi et déterminé, il vous faudra retrouver votre confiance en vous, cette confiance que vous avez perdue lorsque vous avez commencé à sombrer, avec la sensation de ne plus y arriver, de n'être bon à rien… Elle s'est effritée, petit à petit, quand le sentiment d'être nul a pris toute la place.

L'intense fatigue que vous ressentez vous a fait multiplier les erreurs et douter de vous, de vos capacités… Êtes-vous réellement fait pour travailler en cuisine ? Votre passion suffit-elle à faire de vous un bon cuisinier ? Certainement pas, puisque vous n'arrivez même plus à mettre un pied devant l'autre !

Comment peut-on croire en soi quand on perd pied et que tout semble nous échapper ? Quand personne ne nous dit que ce que l'on fait est bien, qu'on est fier du travail qu'on a accompli ? Cette reconnaissance, nous en avons tous besoin, dans notre vie personnelle et notre vie professionnelle… Moi autant que vous ! Et c'est souvent cette reconnaissance qui nourrit la confiance que nous avons en nous.

Sans cette confiance en soi, impossible d'avancer ! Elle seule vous permettra d'avoir une vision réaliste et positive de ce que vous pouvez faire, de ce que vous êtes en capacité de faire. Elle est un formidable moteur d'espoir, de sérénité, de bien-être, de réussite.

Mais ce « croire en soi » se construit ou se reconstruit et s'entretient. D'autant plus si vous venez de craquer et que votre vie vous apparaît comme un raté monumental…

Et si vous commenciez par changer le regard, certainement trop sévère, que vous portez sur vous ? Cessez de ne voir que vos échecs et vos ratés, et apprenez plutôt à les exploiter, à en tirer parti.

Ils sont là parce qu'ils font partie de la vie et qu'il est impossible de toujours tout réussir. Et je dirais même qu'ils sont nécessaires pour nous permettre d'avancer.

Il est vrai que dans notre culture, échouer revient à dire que nous sommes nuls. Depuis notre enfance nous sommes jugés en fonction de nos résultats et non de qui nous sommes ou de ce que nous avons réussi. Alors en cas d'échec, le regard que nous portons sur nous-mêmes est négatif, voire destructeur : nous avons échoué parce que nous sommes mauvais.

Vécus de la sorte, nos échecs nous paralysent et nous dévalorisent. Nous les dissimulons parce que nous en avons honte ou, pire encore, nous sommes dans le déni. En France, échouer ou commettre des erreurs est une honte.

Charles Pépin, auteur de l'essai *Les Vertus de l'échec*[1], affirme : « L'élite française a pris la mauvaise habitude de dénier ses échecs. Conséquence : ils ne changent pas de comportement, de raisonnement. C'est une maladie. La phrase "je n'ai jamais connu l'échec" dans la bouche d'un membre de l'élite est assurément la phrase d'un raté ! » Et ce qui vaut pour l'élite vaut pour tout un chacun.

Dans d'autres pays, les pays scandinaves ou anglo-saxons par exemple, c'est tout l'inverse. Si vous dites n'avoir eu aucun échec dans votre vie, cela paraît suspect et vous êtes considéré comme quelqu'un qui ne saura pas faire face lorsqu'un problème se présentera.

Dans ces cultures, l'échec est perçu comme une preuve d'audace. Quelqu'un qui a échoué, c'est avant tout quelqu'un qui a pris une initiative, un risque, dans tous les cas, quelqu'un qui a choisi de bouger, d'avancer. Winston Churchill disait : « Le succès consiste à aller d'échec en échec sans perdre son enthousiasme ! »

Alors acceptez vos échecs, ne les laissez pas démolir votre confiance en vous.

1. Allary Éditions, 2016.

Ne focalisez pas sur la personne affaiblie, démotivée et résignée que vous êtes au moment où vous lisez mes lignes… Vous ne vous résumez pas à cette petite chose fragile qui vient de tomber. Vous venez de vous effondrer, c'est douloureux, déstabilisant, peut-être même terrifiant.

C'est vrai.

Mais vous allez vous relever ! Parce que la vie vaut la peine d'être vécue, malgré les difficultés et les échecs qu'elle met sur votre route. Parce que votre passion, si exigeante soit-elle, vous nourrit et vous apporte quantité de petits et grands bonheurs.

Et si vous appliquez ma méthode, vous sortirez de cette épreuve plus fort et plus déterminé que jamais à avoir une vie bien meilleure que tout ce que vous avez connu jusqu'alors. Parole de Sonia !

Alors, faites preuve d'un peu d'indulgence envers vous. Non, vous n'êtes pas cette personne qui s'est laissé submerger par un burn-out parce qu'elle est nulle ! Vous avez craqué parce que tout a concouru à vous faire chuter. Et vous en avez le droit. Vous ne pouvez pas sortir indemne du rythme infernal dans les cuisines et des côtés sombres de cette profession.

J'en suis malheureusement convaincue : si vous travaillez dans la restauration, vous êtes le candidat idéal au burn-out !

Alors accordez-vous ce droit à reconnaître que vous ne pouvez pas aller plus loin. Pas de cette façon.

Pas sans rien changer à votre vie. Pas en acceptant ce qui vous a fait sombrer.

Vous avez le droit de vous écrouler ! Cela peut arriver à n'importe lequel d'entre nous, à un moment ou un autre de notre vie. Le plus important reste notre désir de vouloir nous relever pour poursuivre plus sereinement notre route.

Ne ressassez pas ce qui vous a entraîné dans le gouffre dont vous peinez à sortir. Vous devez être conscient de ce qui vous a conduit au burn-out, c'est vrai, mais utilisez toutes les souffrances, tous les échecs que vous avez endurés comme un tremplin pour vous projeter vers un futur meilleur.

Vous n'êtes pas nul ! Bannissez de votre vocabulaire et sortez de votre tête les « Je n'y arriverai jamais », « Je dois être à la hauteur », « Tout doit être parfait » ou encore « Je ne vaux rien »…

OK, la vie ne vous a pas raté. Mais elle est ainsi faite ! Elle peut être parfois aussi dure qu'elle est belle. Et qu'elle vous paraisse magnifique ou détestable, elle vaut la peine que vous vous battiez pour vous en sortir. Croyez-moi, elle vous réserve encore plein de belles surprises.

Vous valez la peine… Même si je ne vous connais pas personnellement, je sais que vous, humain sur notre planète, vous valez la peine. Comme nous tous ! Mais pour en être à nouveau conscient, vous devez reprendre confiance en vous.

Souvenez-vous plutôt de tout ce que vous êtes capable de réaliser. Remémorez-vous tout le chemin que vous avez parcouru pour en arriver là où vous êtes aujourd'hui.

Rappelez-vous vos réussites, si petites soient-elles, les challenges que vous avez réussis, les défis que vous avez relevés avec brio. Non, vous n'avez pas tout raté ! Ce burn-out qui vous submerge n'est que temporaire, il ne résume pas toute votre vie. Vous allez vous en sortir. Reprenez confiance en vous, croyez en vos capacités.

Vous savez, il a fallu que moi aussi, je reprenne confiance en moi. Que je comprenne que ma course à la réussite et à la perfection devait cesser, que je n'avais plus rien à prouver. Que la Sonia que j'étais devenue pouvait être fière d'elle et de son parcours.

Aujourd'hui, la Sonia cheffe de cuisine a confiance en elle.

Le fait que les gens viennent dans ma cuisine pour me féliciter a beaucoup participé à me redonner confiance en moi. C'est parce que j'ai eu ces retours encourageants et bienveillants que j'ai pu me dire que ce que je faisais, « c'était bien ». Et apparemment, c'est même plus que bien, puisque les avis que mes clients publient sur les sites dédiés sont très positifs.

Allez, je vous en livre quelques-uns, parce que j'en suis fière, très fière ! Et j'ai bien raison de l'être !

Avis écrit le 21 juillet 2022 : « Parfait ! Tout est parfait, l'accueil, l'équipe, les plats (burgers superbes), le lieu et le prix. On aime y aller et y retourner ! »

Avis écrit le 23 juin 2022 : « Belle surprise et belle découverte. Sans nul doute le meilleur restaurant de Bonnieux. Une purée d'artichauts à tomber ! Un accueil souriant et une carte excellente à un prix raisonnable. Vaut le détour ! »

Avis écrit en mai 2023 : *« I absolutely loved my meal at Le Kosy. I had the lamb confit, which was delicious, along with the mixed salad. The server recommended a chilled red local wine from Chateau Les Eydins which paired perfectly with my selection. The service was friendly and efficient without being overly attentive, allowing me to enjoy my meal. It is a small place, so I recommend securing your place in advance. »*

Comment ça, vous ne comprenez pas l'anglais ?

Traduisez par : « J'ai adoré mon repas au Kosy. J'ai eu le confit d'agneau, qui était délicieux, ainsi que la salade mixte. Le serveur a recommandé un vin rouge local du château Les Eydins qui s'accordait parfaitement avec ma sélection. Le service était sympathique et efficace sans être trop attentif, ce qui m'a permis de profiter de mon repas. C'est un petit endroit, je vous recommande donc de réserver votre place. »

J'ai gagné ma toque de chef grâce à mes clients. Grâce à leurs retours, leurs avis et leurs remerciements. Un peu comme un artiste, un chanteur qui a gagné son public en suscitant de l'émotion. J'ai pris confiance en moi parce que, de resto en resto, des gens sont venus me dire qu'ils aimaient beaucoup ma cuisine.

Je me rappelle un client italien qui est venu me dire qu'il n'avait jamais mangé un tiramisu aussi bon, même chez lui ! Vous imaginez ?

Je cuisine des burgers, et même des Américains m'ont avoué que les miens étaient bien meilleurs que tout ce qui se fait chez eux. Une dame m'a dit un jour qu'elle voyageait beaucoup, qu'elle avait fréquenté de nombreux restaurants, mais que le burger que je lui avais préparé était pour elle le meilleur au monde. Quelle belle récompense pour le travail que je fournis tous les jours dans ma cuisine !

Reprendre confiance en moi m'a permis de m'affirmer, et de dire haut et fort ce que je ne veux plus vivre dans mes restaurants. Voilà aussi pourquoi j'apprécie vraiment d'être mon propre patron.

Je prends l'exemple de cette phrase que j'ai entendue toute ma vie, dans tous les établissements pour lesquels j'ai travaillé, cette phrase que je ne supporte plus : « Le client est roi » ! Pour moi, cette expression n'a aucun sens et n'est absolument pas fondée. Dans mes restaurants, je le dis toujours à mes employés : « Non, le client n'est pas roi ! »

Les rois et les reines, ce sont mes équipes et moi. Et ce titre est largement mérité !

Je vous disais que j'arrive maintenant à m'affirmer sans culpabiliser le moins du monde. Alors pour clore le sujet de ce fichu titre royal qu'on est censés attribuer à nos clients, je m'adresse à toi qui viens faire un tour du côté de Bonnieux et cherches à te restaurer… Sans agressivité, j'aimerais que tu comprennes ma façon de voir désormais les choses : « Si tu viens chez moi, il y a une carte, dehors, où tu peux voir les menus, les plats et les prix. Tout est clair. Si ça te convient, tu entres et tu t'installes. Tu seras toujours très bien reçu. Et je prendrai plaisir à te préparer le meilleur plat qui soit ! Je viendrai même bavarder avec toi à la fin du repas. Mais si ça ne te convient pas, si ton plat préféré n'est pas inscrit sur ma carte, si tu juges mes prix trop élevés, n'entre pas. C'est aussi simple que cela ! Tu n'irais pas acheter un album de Céline Dion si tu es branché hard-rock, non ? »

Tous les jours des clients s'installent après avoir regardé le menu, à l'extérieur, et nous demandent si nous n'avons pas plutôt ça ou ça… Mais pourquoi sont-ils entrés, alors ?

Ma confiance en moi en tant que cheffe de cuisine m'a permis, tout récemment, de dire « non » à une cliente. Un « non » réfléchi et justifié, calme mais déterminé. Une dame avait réservé pour dix personnes. Ce n'est pas toujours évident de recevoir un groupe assez nombreux, car mon restaurant n'est pas très grand. J'ai tout de même accepté la réservation, mais en précisant que ce serait le même menu pour tout le monde. J'ai donc proposé un menu unique, élaboré, et qui pourrait convenir à tous. La cliente n'était pas d'accord, elle voulait d'autres produits, que nous n'avions pas et que je n'avais pas l'intention de commander. Elle a argumenté qu'elle avait versé un acompte.

Je suis restée ferme et cette personne a annulé sa réservation. Certes, j'ai « perdu » dix clients. Mais la façon dont cette dame a réagi ne convient pas à la Sonia cheffe de cuisine que je suis aujourd'hui. Cette cliente aurait dû aller voir un traiteur, peut-être plus enclin à lui faire du sur-mesure. Je ne suis pas traiteur, je suis restauratrice. Cheffe de cuisine et, qui plus est, passionnée par mon métier. Je crée mes recettes, dans ma cuisine, et je les propose aux clients qui viennent s'installer à table en toute connaissance de cause.

Je sais que je risque d'avoir un mauvais avis sur les réseaux sociaux. Cela n'a plus d'importance. Je sais ce que je vaux, ce que valent ma cuisine et mon restaurant. Merci, ma confiance en moi !

Je sais aussi que beaucoup de cuisiniers auraient sans doute accepté de modifier le menu en fonction de ce que voulait cette cliente. À cause de cette phrase que je ne supporte plus : « Le client est roi. » Parce que justement, ils ont peur des mauvais avis, parce qu'ils ne veulent pas décevoir, parce qu'ils ne veulent pas perdre d'argent. Parce qu'ils n'ont probablement pas assez confiance en eux pour dire « non » !

Mais croyez-moi, arriver à dire ce « non » réfléchi et justifié est le fruit d'un long travail sur moi-même. La Sonia « d'avant » aurait sans doute cherché à répondre à la demande de la cliente, au risque de s'imposer du travail supplémentaire et de bouleverser le fonctionnement de sa cuisine et les menus prévus.

Plus maintenant !

Dans ces dernières lignes, j'ai multiplié les « arrêtez », « dites non », « refusez », « n'acceptez plus »... Autant de termes négatifs, mais qui seront suivis, soyez-en sûr, par des résultats positifs.

J'ai voulu vous secouer. Gentiment, hein ?

La liste des choses qui doivent changer dans votre vie peut vous paraître, je le sais, impressionnante. Elle l'est. Il y a du boulot ! Mais si vous voulez vous en sortir et retrouver une vie heureuse et épanouie, il faudra en passer par là, de toute façon.

Quand vous aurez réussi à poser et imposer vos limites.

Quand vous arriverez à dire « non » sans vous sentir fautif ou coupable.

Quand vous pourrez arguer de votre fatigue et de vos droits sans pour autant entrer en conflit avec les autres.

Quand vous vous sentirez respecté, sans chercher à être reconnu et aimé (je sais, c'est peut-être le plus dur à obtenir).

Quand vous aurez accepté vos échecs et vos erreurs.

Quand vous aurez repris confiance en vous.

Quand vous vivrez votre passion sans la subir.

Alors vous serez en situation de Résilience.

20

Changement de perception

Notre deuxième « R », Résilience.

La recette est plus simple à retenir ainsi !

Le dictionnaire Larousse la définit ainsi : « Aptitude d'un individu à vivre et à se construire de manière satisfaisante en dépit de circonstances traumatiques. »

Vous savez maintenant quelles sont les « circonstances traumatiques », quelle que soit leur intensité, qui vous ont conduit au burn-out. Mon expérience intime, que je vous livre dans ces pages, vous a permis, je l'espère, de les identifier.

Mais je suis persuadée que vous étiez déjà conscient de tous ces aspects négatifs des coulisses de la cuisine. Il ne peut en être autrement car c'est votre quotidien si vous travaillez dans la restauration. Et cela fait certainement longtemps que vous en souffrez, sans vous plaindre et sans vous l'avouer.

J'ai allumé des projecteurs pour mettre en lumière tout ce qui n'est plus acceptable. Je n'ai fait que mettre des mots sur vos maux… Et je sais que j'ai eu raison de le faire. J'aurais tant voulu qu'on le fasse pour moi !

J'ignore tout de votre parcours personnel mais je sais qu'il peut également participer au burn-out que vous êtes en train de vivre ou qui vous guette.

Si vous avez été attentif à mon histoire, dans ce qu'elle a de plus dur et de plus moche, vous aurez compris qu'elle a largement contribué à me faire perdre pied. Voilà aussi pourquoi je me suis livrée à vous, pourquoi j'ai accepté de vous parler du manque de soutien et d'affection que j'ai ressenti toute ma vie d'enfant, d'adolescente et d'adulte, pourquoi je vous ai avoué ces moments de solitude qui sont allés parfois même jusqu'au désespoir.

Je vous le confie sans honte, je suis allée très loin dans le sentiment d'abandon, de perdition et de détresse physique et morale. Et croyez-moi, même si le ton est parfois léger, parler de ce qui m'a amenée à faire ces burn-out est encore douloureux au moment où j'écris ces lignes. Douloureux mais libérateur.

Ce n'est qu'au prix d'un long travail personnel que j'arrive aujourd'hui à ne plus éprouver de rancœur et à me sentir en paix.

Je n'ai pas la prétention ni les compétences requises pour vous dire ce que vous devez faire ou ne pas faire dans votre vie privée et votre cercle familial.

En revanche, j'ai toute légitimité pour mettre en lumière les aspects sombres des coulisses de la restauration car c'est le milieu dans lequel j'évolue depuis près de vingt ans.

Et je suis convaincue que la lecture de ce livre vous aidera à vous remettre en question et à porter un regard différent, tant sur votre vie personnelle que professionnelle.

Toutes deux sont étroitement liées, d'autant plus lorsque le métier que vous exercez est votre passion.

Bien loin de moi l'idée de vous juger. Ne voyez dans ce livre que le désir sincère et honnête de vous apporter mon aide. Si j'avais eu un tel ouvrage entre les mains après mon premier burn-out, je ne me serais certainement pas effondrée autant de fois. J'ai manqué de clés pour faire sauter les verrous qui m'auraient ouvert des portes, qui m'auraient aidée à comprendre. Alors chaque fois j'ai replongé…

Ces clés, je vous les donne !

Je voudrais aller plus loin dans cette définition du mot « résilience », plus loin que le « de manière satisfaisante » du dictionnaire.

21

Jacques a dit : « Saute de joie ! »

Dans les pages qui suivent, je souhaite vous amener à retrouver la notion de plaisir. Le plaisir de pratiquer votre métier, par conséquent de cuisiner. Le plaisir dans toutes ces petites choses que la vie nous offre, et il y en a une multitude. Je veux aller au-delà de ce qui peut être « satisfaisant » et ne pas m'en contenter, pour moi comme pour vous. Surtout pas !

Vous l'aurez compris, sortir d'un burn-out nécessite avant tout une réelle prise de conscience. Et cette prise de conscience vous mènera, je l'espère de tout cœur, à une ouverture de votre conscience. Votre chemin vers la résilience passe par là.

À chacun de mes burn-out j'ai appliqué la même « méthode » pour m'en sortir, la méthode des trois « R » que je développe dans ce livre.

Après la première phase, qui a consisté à repérer ce qui m'a précipitée dans le gouffre, j'ai tout mis en œuvre pour aller de l'avant et accéder à un état de résilience. Je ne vous cache pas que cela n'a pas toujours été facile. Mais chaque fois, je me suis relevée. Vous le pouvez aussi !

Tout d'abord, j'ai levé le pied. Je me suis reposée. J'ai dormi, beaucoup. Et sans culpabiliser. J'en avais vraiment besoin, tout mon corps demandait à pouvoir souffler un peu.

Dormir n'est pas seulement une période pendant laquelle vous n'êtes pas éveillé. Les différentes phases du sommeil nous permettent soit de récupérer, soit d'évacuer le stress, soit encore d'améliorer nos capacités cognitives.

À l'inverse, le manque de sommeil entraîne des troubles de l'humeur et de la concentration ; incite à prendre de mauvaises décisions ; augmente la prise de risques ; déclenche des problèmes de santé...

Vous l'aurez compris, dormir d'un sommeil réparateur est indispensable pour rester en bonne santé ; pour avoir un esprit clair, pour arriver à faire le point sur ce que vous ne voulez plus vivre et ce à quoi vous aspirez.

En parallèle, je me suis reconnectée à ce que j'aimais faire, à ce qui me faisait plaisir. Des petites choses toutes simples mais que j'avais rayées de ma vie, par manque de temps ou parce que je me sentais vidée de toute mon énergie.

Après mon premier burn-out, je me souviens avoir repris le théâtre, un hobby que j'affectionne particulièrement. Cela m'a permis de rompre l'isolement social dans lequel je m'étais enfermée. Je me suis fait de nouveaux copains, j'ai recommencé à parler, à échanger des idées, à m'ouvrir aux autres. Avoir une vie sociale riche et épanouie est primordial pour parfaire l'équilibre corps-esprit.

Tout récemment, des études menées par l'université de Harvard, sur une période de quatre-vingts ans, ont démontré qu'être bien entouré pourrait être la clé du bonheur, ou en tout cas y participer grandement. C'est vous dire l'importance de bien choisir les personnes avec lesquelles on veut avancer dans sa vie !

Je me suis remise au sport, afin de redonner du tonus à mon corps broyé par la fatigue et d'évacuer le stress qui avait fini par m'envahir. Le sport m'a sauvé la vie dans le sens où j'ai fait la rencontre d'un coach qui me poussait, mais de manière saine, dans les cours de *bike* que je prenais. Je sortais de chacune de ces séances, fière de moi, fière d'avoir repoussé mes limites tout en les respectant et de progresser chaque fois un peu plus. Je retrouvais un corps plus vigoureux et tonique en même temps qu'une belle estime de moi. C'est important, non ?

En pratiquant ce sport, c'est avec moi-même que j'entrais en compétition. Moi-même et personne d'autre. La pression n'était plus extérieure. Je pouvais gérer mes propres défis selon mon humeur et mes envies, sans résultats à fournir à un tiers dans un temps imparti, sans rien avoir à prouver à personne d'autre que moi.

Dans ce parcours vers la guérison, pratiquer un sport vous sera donc d'une aide précieuse. Quel que soit celui que vous choisirez, il vous permettra de prendre du temps pour vous tout en faisant du bien à votre corps et à votre mental. Il est désormais reconnu que pratiquer une activité sportive aide à réduire le stress, favorise un sommeil de qualité et agit un peu comme un antidépresseur.

À consommer sans modération !

Au-delà du sport, que j'estime nécessaire, pour fortifier un corps que vous avez maltraité trop longtemps, je vous encourage à vous reconnecter à toutes ces petites choses que vous aimez faire. Des petites choses toutes bêtes, parfois, mais qui ont un pouvoir salvateur énorme ! Ce peut être une balade sur la plage, manger une glace alors que ce n'est pas du tout l'heure, s'offrir une soirée au théâtre, partager un bon repas avec des amis, aller promener son chien…

Je me souviens d'un jour, après mon deuxième burn-out, où j'ai emmené ma nièce dans un parc de structures gonflables pour enfants. Je l'ai accompagnée dans les structures et j'ai sauté et rebondi avec elle. Tous les enfants présents sont alors venus se joindre à nous, trop contents qu'un adulte joue avec eux et leur propose des acrobaties.

En quelques minutes, plusieurs parents se sont prêtés au jeu, voyant que j'avais osé sauter comme une gamine, moi, une adulte, dans ces jeux pour enfants. La joie de s'amuser comme des fous a pris le dessus sur leur crainte d'être ridicules.

Je me souviendrai toujours de cet après-midi avec ma nièce, de ce lâcher-prise qui fut vraiment bénéfique et source de guérison.

Avec mon vécu, je dirais que ma résilience est passée par la quête de la joie perdue.

Lorsque vous ressentez de la joie, différentes réactions se produisent dans votre corps, et plusieurs hormones sont impliquées dans ce processus.

L'une des principales hormones associées à la joie est la sérotonine. Elle est souvent appelée l'hormone du bonheur. Lorsque vous êtes heureux, votre cerveau libère de la sérotonine, ce qui peut contribuer à améliorer votre humeur et votre bien-être général.

L'ocytocine est une autre hormone qui peut être libérée lorsque vous ressentez de la joie. Elle est souvent associée aux liens sociaux, à l'empathie et à l'amour. Lorsque vous êtes joyeux, votre corps peut libérer de l'ocytocine, favorisant ainsi les sentiments de connexion et de proximité avec les autres.

L'endorphine est une hormone naturelle qui agit comme un analgésique et procure une sensation de bien-être et d'euphorie. Elle peut être libérée lorsque vous ressentez de la joie, ce qui peut entraîner une diminution de la douleur physique et une augmentation de la sensation de plaisir.

En plus de ces hormones, la dopamine joue un rôle important dans le sentiment de joie. La dopamine est associée à la récompense et au plaisir. Lorsque vous faites quelque chose qui vous procure du bonheur, votre cerveau libère de la dopamine, ce qui renforce la sensation de plaisir et de satisfaction.

Si vous le pouvez, évitez les antidépresseurs, et remplissez-vous de joie, trouvez votre voie dans la joie, rappelez-vous ce qui vous faisait plaisir dans votre enfance et Jacques a dit… *amusez-vous* !

Fabriquez vos hormones de joie comme un antidépresseur naturel, et recommencez le traitement jusqu'à afficher de nouveau un vrai sourire sur votre visage, et non pas un masque !

22

Lâcher prise, et mettre de l'eau dans son vin

En clair, il vous faut oublier ou passer par-dessus tout ce qui vous empêchait d'avancer pour écrire une nouvelle page de votre vie… Lâchez prise ! Prenez de la distance avec toutes ces choses qui vous ont fait souffrir. Elles ont été bien réelles, elles vous ont durement impacté, mais elles font partie du passé. Vous savez désormais ce que vous ne voulez plus.

Sortez de ce contrôle qui génère un stress permanent. Cessez de vouloir maîtriser ce qui ne peut pas l'être. La rigidité morale, relationnelle ou professionnelle que vous vous imposez est épuisante, pour vous comme pour votre entourage. Inutile de le répéter, l'épuisement mène droit au burn-out !

Vous n'avez parfois aucune prise sur certains événements de votre vie. Alors acceptez-les et essayez d'en tirer du positif, il y en a toujours.

Lâcher prise au quotidien vous permettra d'accepter vos limites et ainsi de reprendre un peu le pouvoir sur le monde qui vous entoure. Alors apprenez à vivre dans le présent. Laissez partir ce qui était, acceptez ce qui est et faites confiance à ce qui peut vous arriver. Nous sommes tous en perpétuelle évolution, que ce soit physiquement, mentalement ou émotionnellement. Rien n'est immuable. Et nous devons nous adapter, accepter ces changements.

Soyez ouvert et confiant, lâchez prise !

C'est ce que j'ai fait. Lors d'une saison en Corse, j'ai véritablement lâché prise. J'étais alors second de cuisine. Je faisais ce que j'avais à faire, du mieux que je pouvais, mais sans me préoccuper des retards répétés de mon chef ou de ce que faisaient les uns et les autres. Je n'avais pas de responsabilités à proprement parler et aucun besoin de tout contrôler. J'avais juste à cuisiner. Et ça, je sais faire !

Je me suis libérée de tous mes poids. J'ai donné un grand coup de pied dans toutes les casseroles que je traînais. J'ai recommencé à m'amuser, à faire la fiesta, à sortir avec les amis que je venais de rencontrer et qui sont encore présents dans ma vie aujourd'hui. J'ai retrouvé le plaisir de partager des moments conviviaux avec des personnes positives et bienveillantes.

Je me suis reconnectée à la nature et ses merveilles, dans le cadre exceptionnel et préservé qu'offre la Corse. Je me suis laissé aller à toutes les émotions qu'un tel environnement faisait naître en moi. Une nature encore sauvage, des plages de sable fin, autant de belles choses pour combler mon besoin d'émerveillement…

Cette saison en Corse est la meilleure chose que j'aie vécue. Elle fut le point de départ de mon renouveau, que dis-je, de ma renaissance !

Mon parcours en Corse fut comme une thérapie. Loin du monde matérialiste, j'ai vécu le temps d'une saison estivale dans un bungalow face à la mer, sans télévision, et sans Internet. Déconnectée du monde de la surconsommation, je me suis reconnectée à moi-même.

Faites comme moi, lâchez prise, respirez !

Prenez le temps de vous reconnecter à des bonheurs simples, de retrouver votre âme d'enfant… Faire un château de sable, sauter dans les flaques ou s'envoler sur une balançoire. L'adulte que vous êtes a besoin de l'enfant qui vit en lui et de sa capacité à s'émerveiller, à vivre ces moments de bonheur qui relèvent presque de la magie…

S'émerveiller, c'est vivre l'expérience sensorielle du monde qui nous entoure. J'irai plus loin, c'est s'ouvrir à l'invisible. C'est une autre façon de lâcher prise, en offrant à nos émotions la possibilité de s'exprimer sans retenue. Apprendre ou réapprendre à s'émerveiller nous relie à notre humanité.

Alors soyez en admiration ! Devant un tableau, un champ de coquelicots ou un coucher de soleil sur la mer, soyez admiratif. Je peux vous assurer que ces instants d'émerveillement feront naître en vous une joie profonde. Allez vers les autres, ne vous repliez pas sur vous-même. Partagez !

L'enfer, c'est les autres ? Non, pas toujours, monsieur Sartre ! Le salut est dans la connexion aux autres, je dirais plutôt. Quand vous êtes en situation de burn-out, l'enfer, c'est l'absence des autres.

Partagez vos idées, vos envies, vos rêves, vos craintes et vos angoisses. Partagez avec les autres, mais ces « autres » doivent être choisis avec soin. Pas question de côtoyer les personnes toxiques qui ont peut-être participé à votre mal-être. Fuyez-les ! Entourez-vous de personnes positives, qui ont les mêmes valeurs que vous. Elles sauront vous tendre la main pour vous aider à sortir du gouffre.

Parlez, échangez, riez, chantez avec elles. Retrouvez ce plaisir tout simple de refaire le monde autour d'un café ou d'un barbecue entre amis. Dans ces moments-là, absorbez tout ce qui peut vous faire du bien : l'ombre bienfaisante du parasol, le petit rosé frais dans les verres (à consommer avec modération !), l'odeur des grillades sur la braise, les éclats de rire de vos amis… Reconnectez-vous à la sensation de bien-être que vous éprouvez à ce moment-là. Imprégnez-vous de la douceur de ce que vous êtes en train de vivre.

Si vous avez des désirs plus complexes qu'une petite balade au grand air, faites ce qu'il faut pour les réaliser. Avec peu de moyens et une bonne dose de volonté, on doit pouvoir se faire plaisir, non ? Je ne vous parle pas de faire le tour du monde, quoique...

Je me souviens avoir discuté avec Olivier, l'un des participants au séminaire dont je vous ai parlé au début de ce livre. Il m'a demandé comment j'avais fait pour me sortir de tous ces burn-out car lui, il n'y arrivait pas. Il m'a avoué qu'il adorait voyager mais qu'il n'avait pas les moyens financiers de le faire.

Eh bien je lui ai quand même conseillé de tout plaquer et de partir ! Je lui ai parlé de Blablacar, cette application qui permet de se déplacer à moindres frais, et des auberges de jeunesse qui offrent un logement peu onéreux. Voyager ainsi lui donnerait l'opportunité de rencontrer des gens n'appartenant pas au milieu dans lequel il évoluait habituellement.

Partager, échanger et voir d'autres horizons fait partie de ces petites choses qui peuvent vous aider à vous sortir d'un burn-out. Changez d'air ! Cela vous permettra de sortir du marasme dans lequel le burn-out vous a plongé, de prendre du recul et de vous recentrer sur vos objectifs.

Si vous avez d'autres passions que la cuisine mais qu'elles sont passées à la trappe, faute de temps, d'envie ou d'énergie, essayez de vous y remettre. Que dis-je ? Foncez ! C'est dommage de vous priver de quelque chose qui vous fait plaisir, non ? Que ce soit la lecture, le cinéma, le vélo, la couture ou la poterie, que sais-je, tout ce que vous aimez faire et qui vous fera prendre du temps pour vous et rien que pour vous est le bienvenu. Voilà une façon agréable de vous libérer du stress et de vous détendre tout en développant votre créativité.

J'insiste là-dessus, faites-vous plaisir ! Et tant pis si vous vous sentez un peu égoïste, c'est un mal nécessaire dans votre démarche de résilience. Un égoïsme mesuré vous permettra de donner aux autres tout en vous préservant.

Soyez à l'écoute de votre corps et de toutes les sensations que la nature peut provoquer en vous.

Vos cinq sens doivent vous permettre d'entrer en connexion avec toutes les belles choses que le monde vous offre.

Prenez le temps ou la peine de respirer les parfums de votre jardin, de sentir les caresses du vent sur votre visage. Laissez-vous envahir par la douce chaleur du soleil sur votre peau. Fermez les yeux et tendez l'oreille au chant des oiseaux dans les arbres. Prenez le temps d'admirer un château de sable ou un coucher de soleil, un champ de fleurs multicolores ou les dessins de vos enfants. Accordez-vous le droit d'être ému à l'écoute d'un morceau de musique que vous aimez tout particulièrement.

23

(Ré ?)Apprenez à vous émerveiller !

Vous venez d'entamer la lente escalade qui vous sortira du gouffre. Petit à petit, un pas après l'autre, vous allez retrouver la confiance en vous. Si vous êtes bien entouré, la remontée n'en sera que plus sûre et plus rapide.

Outre auprès de vos amis et votre famille, quand ils ne sont pas source de problèmes, n'hésitez pas à chercher de l'aide auprès de professionnels reconnus. Fuyez les charlatans qui vous promettent un bonheur absolu en échange d'une belle ponction sur votre carte bleue. Mais entourez-vous de médecins, psychologues, acupuncteurs, énergéticiens, coachs de vie, uniquement de personnes compétentes dans leur domaine et dont on vous a dit le plus grand bien. Confiez-vous à des personnes en capacité de vous apporter une écoute attentive – c'est déjà beaucoup –, si ce n'est une aide efficace.

Souvenez-vous que chacun est différent. À chacun sa solution.

Surtout, je vous en ai déjà parlé, et parce que j'en ai fait la douloureuse expérience, fuyez les médecins qui ne jurent que par l'administration de traitements tous plus lourds et addictifs les uns que les autres. Et si vous êtes amené à prendre des médicaments, gardez à l'esprit que cette solution n'est pas vivable à long terme. Elle ne traite pas le fond du problème, ce n'est qu'un pansement qui masque pour un temps la blessure, à mon humble avis. Traitez la blessure en elle-même, et pas seulement les symptômes !

Je viens de vous donner des pistes qui devraient vous aider à vous en sortir. Sur le plan physique tout d'abord, mais aussi et surtout sur le plan moral.

Bien dormir, bien manger et être bien entouré ne suffira cependant pas pour atteindre l'état de résilience vers lequel vous tendez. C'est toute votre façon d'aborder les choses et d'appréhender la vie que vous devez prendre en considération, au risque parfois de faire voler en éclats tout ce dont vous étiez sûr jusqu'alors. Certains schémas sont inscrits en nous depuis si longtemps…

On nous apprend beaucoup de choses à l'école. On nous inculque les bases de l'écriture, la lecture et le calcul. L'histoire, la géographie et les sciences viennent compléter notre « formation » à la vie. On étoffe notre culture, on nous oriente vers un métier. On nous apprend même comment « bien nous comporter » dans la société.

Nos parents, quant à eux, nous inculquent les règles de base de l'éducation, la politesse, le respect, la discipline. Au sortir de l'école et du foyer familial, nous sommes censés être en capacité d'évoluer parmi les autres, de trouver un travail, de construire une famille. Certes.

Mais on ne nous apprend pas à être juste un humain sur la planète, un humain qui a le droit de profiter de la vie, de prendre le temps. Un être unique, avec ses forces, ses faiblesses et ses rêves…

Telle qu'elle existe dans notre pays, l'école met en avant la réussite et développe notre esprit de compétition. Il faut avoir des bonnes notes, passer ses examens avec succès. Les échecs sont terriblement mal vécus, que ce soit par les enfants ou les parents. Tout jeune déjà, il faut être à la hauteur, répondre aux espérances des parents, des professeurs, de ce que l'Éducation nationale attend de nous.

Est-ce bien nécessaire ? Cela fait-il de nous des êtres heureux et épanouis ? Et qu'en est-il de la confiance en soi, sans laquelle nous hésitons à avancer ?

Pour ma part, j'ai dû me débarrasser de tous les schémas négatifs qui ont encombré ma vie d'enfant et de petite écolière. Ils ont certainement contribué à mon désir d'en faire toujours plus et d'approcher au plus près la perfection. J'ai essayé autant que possible d'être à la hauteur de ce qu'on attendait de moi.

« Être à la hauteur »... Combien de souffrances, d'exigences, de sacrifices et d'oubli de soi, derrière cette expression ?

Puis je me suis libérée de tous les liens qui m'emprisonnaient, qu'ils soient familiaux, professionnels ou sociétaux. Je ne vous cache pas que cela a pris du temps et a été le fruit d'un long travail sur moi-même, d'une remise en question de tout ce que j'avais vécu jusqu'alors. Mais j'y suis arrivée !

Il est impossible d'avancer si, à un moment de votre vie, vous ne posez pas vos valises. Pleines d'un passé qui alourdit inutilement votre présent, elles vous ralentissent.

Les vieilles histoires de famille, les souvenirs douloureux de votre enfance, les fausses croyances transmises de génération en génération... cet héritage de souffrances, de non-dits, de secrets, de rancune et de tristesse vous encombre.

Alors déposez ces valises ! Elles ne vous appartiennent pas, vous n'avez pas demandé à les porter. Elles sont à vos parents, vos grands-parents, vos proches. Ce ne sont pas les vôtres. Une fois que vous les aurez laissées sur le bas-côté, vous voyagerez bien plus léger.

Moi, j'ai posé mes valises, une bonne fois pour toutes, et je travaille tous les jours à me débarrasser des quelques petits sacs qui pèsent encore parfois trop lourd. Pas à pas, j'avance en me délestant de ce qui me ralentit. Je progresse sur mon chemin de vie.

24

Il n'y a pas de hasard, que des lectures

Je dois également ma « guérison » à de belles rencontres qui ont jalonné ma vie.

Ces personnes, d'horizons très différents, m'ont aidée à sortir de mes burn-out, que ce soit à travers un échange verbal, à l'écoute d'une de leurs conférences, en participant à leurs séminaires ou grâce à la lecture de leurs livres, elles ont toutes participé à l'ouverture de conscience qui m'a permis de transcender mes burn-out. Et au-delà de cette ouverture de conscience, elles m'ont amenée à la spiritualité.

Parmi les lectures qui m'ont profondément marquée et influencée de manière positive, je citerais le livre de Sarah Stibling, *De l'assassinat au pardon*[1]. Dans cet ouvrage l'auteure nous parle des treize années les plus dures de sa vie, celles qui ont suivi l'assassinat

1. Librinova, 2021.

de sa maman. Infirmière libérale, Elisabeth Stibling a été assassinée par un de ses patients atteint de troubles psychiatriques. Sarah et sa maman avaient une relation fusionnelle. Comment surmonter un tel traumatisme et sortir de la profonde dépression qui en a découlé ? Comment survivre à une telle tragédie ?

Dans ce livre et malgré l'horreur de ce qu'elle a vécu, Sarah partage avec sincérité et bienveillance son expérience. Elle nous livre son chemin vers le pardon et la paix intérieure : « Ce que j'ai vécu [...], c'est le genre d'intempérie détruisant tout sur son passage. Responsable de dégâts éminents, entre vents violents, pluies torrentielles, grêlons, suivis d'une tempête longue de plusieurs années, diminuant peu à peu son souffle, pour laisser place à la réparation, la reconstruction et le calme. Êtes-vous prêts ? »

Quel courage, quelle sagesse, quelle leçon de vie ! Qui mieux qu'elle pourrait parler de résilience ? On ne peut ressortir indemne d'une telle lecture, et ce fut mon cas.

Autre ouvrage incontournable dans ma quête de spiritualité, le livre de Miguel Ruiz, *Les Quatre Accords toltèques*[1]. *Kezaco* ? Les quatre accords toltèques sont des principes de vie :

- que votre parole soit impeccable ;
- ne rien prendre pour soi ;
- ne pas faire de suppositions ;
- toujours faire de son mieux.

1. Jouvence, 2016.

Ces quatre accords qui paraissent si simples sont en fait un puissant code de conduite capable de transformer votre vie, votre relation aux autres et votre manière de percevoir le monde. Ce sont des accords que vous passez avec vous-même. Nul besoin d'une tierce personne, encore moins d'un gourou !

Le premier accord, « que votre parole soit impeccable », vous fait prendre conscience de l'importance des mots que vous prononcez. La parole a des effets très puissants, il faut l'utiliser à bon escient. C'est un instrument « magique », mais à double tranchant. Des mots négatifs peuvent détruire ceux qui les reçoivent tout autant que ceux qui les prononcent. Des paroles bienveillantes seront à l'inverse source de bien-être pour celui qui les formule et celui qui les entend. La parole peut engendrer les rêves les plus fous, tout comme elle peut tout détruire autour de vous… Elle peut vous libérer ou vous asservir, selon la façon dont vous l'utilisez. Le mensonge, les insultes, la manipulation et la critique non constructive sont à l'opposé de la « parole impeccable ». À méditer…

Miguel Ruiz : « Vous pouvez évaluer le degré auquel votre parole est impeccable à l'aune de l'amour que vous avez pour vous-même. L'intensité de votre amour-propre et les sentiments que vous nourrissez envers vous sont directement proportionnels à la qualité et à l'intégrité de votre parole. Lorsque celle-ci est impeccable, vous vous sentez bien ; vous êtes heureux et en paix. »

Le second accord, « ne rien prendre pour soi », vous encourage à ne plus prendre de façon personnelle ce que l'on vous dit ou les choses qui vous arrivent. Untel vous dénigre ? Grand bien lui fasse ! Ce que vous entendez à travers ses paroles désagréables reflète ce que *lui* pense ou ressent, pas ce que vous êtes véritablement, vous. Libérez-vous du regard des autres, vous n'en serez que plus heureux. Et puis, de vous à moi, vous n'êtes pas le centre du monde, hein ? Ce qui se dit ne vous concerne pas forcément…

Miguel Ruiz : « Ce que vous pensez, ce que vous ressentez, c'est votre problème, pas le mien. C'est votre façon de voir le monde. Cela ne me touche pas personnellement, parce que vous n'êtes confronté qu'à vous-mêmes, pas à moi. D'autres auront une opinion différente, selon leur système de croyances. »

Le troisième accord, « ne pas faire de suppositions », semble très anodin. Pourtant, faire des suppositions génère une mauvaise interprétation du monde qui nous entoure, d'autant plus lorsque nous finissons par les croire. En supposant, nous émettons des hypothèses, rien de plus, rien de vraiment fondé. Et si notre hypothèse est erronée, elle conduira forcément à des malentendus. Je vous donne un exemple tout bête : nous supposons tous que la personne qui partage notre vie nous connaît si bien que nous n'avons pas besoin d'expliciter clairement nos émotions, nos envies. C'est ce que vous supposez. Mais ce n'est certainement pas la réalité. Vous voyez où je veux en venir ?

Miguel Ruiz : « Voilà donc quel est le troisième accord toltèque : ne faites aucune supposition. Formulé ainsi, cela semble facile, mais je suis conscient de combien c'est difficile à mettre en œuvre. La difficulté provient du fait qu'on fait généralement l'inverse. On a tous des habitudes dont on n'est même pas conscient. Les amener à la conscience et comprendre l'importance de cet accord est donc le premier pas à franchir. »

Le quatrième accord, « toujours faire de son mieux », est à mon sens peut-être le plus important. Quoi que vous fassiez, que ce soit dans votre vie personnelle ou professionnelle, faites-le en donnant le meilleur de vous-même. Attention, je n'ai pas dit qu'il fallait faire toujours mieux, au risque de vous épuiser. La nuance est importante. À vous d'adapter le « faire de votre mieux », selon votre état physique ou mental. Il ne s'agit pas de dépasser vos limites pour atteindre une perfection qui de toute façon n'existe pas. Nous en avons déjà parlé. Il s'agit simplement de faire de son mieux, sans regret, sans culpabilité, le plus important étant de réussir à atteindre les objectifs que l'on s'est fixés, chacun à son rythme et à sa manière.

Miguel Ruiz : « Votre mieux change d'instant en instant ; il n'est pas le même selon que vous êtes en bonne santé ou malade. Quelles que soient les circonstances, faites simplement de votre mieux et vous éviterez de vous juger ultérieurement, de vous maltraiter et d'avoir des regrets. »

Si vous réussissez, ne serait-ce qu'un peu, à vous conformer à ces quatre « accords », qui relèvent du bon sens et de la bienveillance, vous pourrez, petit à petit, opérer un véritable changement en vous. Au quotidien, vous aborderez la vie de manière plus sereine et plus saine. Vous serez en paix avec vous-même et vos relations avec les autres seront plus détendues. Plutôt tentant comme programme, non ?

Les Quatre Accords toltèques de Miguel Ruiz sont l'une des lectures qui m'a permis, jour après jour, de m'élever vers une spiritualité qui manquait cruellement à mon parcours de vie.

Cette ouverture de conscience m'a obligée à regarder vers le haut bien plus que vers le bas.

25

Un peu de spiritualité, dans ce monde de brutes !?

Pour sauver l'humanité et se sauver soi-même, je suis convaincue qu'il faut s'ouvrir à la spiritualité, mettre de la philosophie dans sa vie, et contribuer à un monde meilleur et bienveillant. S'élever spirituellement nous amène à nous connecter à quelque chose de plus grand que nous, à trouver un sens profond à notre vie. Aujourd'hui encore je me pose des millions de questions. Je suis novice ! J'ai tant à apprendre pour atteindre et maintenir la paix intérieure qui me permet d'avancer sereinement sur mon chemin de vie...

Et vous ?

Si vous en ressentez vous aussi le besoin, à vous de trouver le chemin pour vous élever et regarder vers le haut... Vous vous tournerez peut-être vers une religion ou une philosophie de vie qui comblera vos attentes. Qu'importe. Elle doit correspondre à ce que vous recherchez. Encore une fois, vous êtes unique !

Vous changerez peut-être tout simplement votre perception des choses et votre regard sur la vie et le monde qui vous entoure. Dit de cette façon, cela paraît si facile ! Mais un tel changement suppose un profond, honnête et sincère travail sur vous-même.

Quelle que soit la voie que vous emprunterez, cette quête de spiritualité fera de vous, à n'en pas douter, une meilleure personne. Et ce sentiment d'être « meilleur » aura des effets bénéfiques sur votre équilibre personnel, sur vos relations avec votre entourage familial et professionnel, sur votre travail. Il vous permettra de transcender votre burn-out et vous évitera de vous effondrer à nouveau.

Dans ces pages, j'ai voulu vous donner des pistes pour vous aider à sortir du gouffre dans lequel vous a plongé le burn-out qui est en train de vous submerger. Ou vous éviter d'y sombrer. Il s'agit avant tout de reprendre goût à la vie.

Le goût !

Ce sens sans lequel nous ne pourrions pas exercer notre profession, nous, les petites mains de la restauration. Reprenez goût à la vie en vous affirmant, en refusant de subir !

Apprenez à dire « non » aux personnes toxiques, aux patrons qui abusent. Apprenez à dire « oui » à vos besoins, vos envies et vos rêves.

Soyez à l'écoute de votre corps. Il vous envoie en permanence des signaux que vous ne devez pas ignorer.

Reconnectez-vous à des bonheurs simples.

Entourez-vous de personnes qui vous ouvrent l'esprit à l'amour, la bienveillance, la fidélité.

Le « moi » de 20 ans ne croyait pas dans ces valeurs.

Je sais aujourd'hui que les personnes gentilles, les bonnes personnes, existent. J'en ai rencontré, beaucoup ! Et je crois même que désormais, j'en fais partie.

Si je devais m'adresser à mon « moi » de 20 ans, je lui dirais : « N'aie pas peur, ouvre-toi à l'amour, fais les bons choix, avec les bonnes personnes. Éloigne-toi de tout ce qui est toxique : fêtes, alcool, drogue ; des personnes qui ne savent pas qui elles sont… »

Et vous, que lui diriez-vous, à votre « moi » d'il y a vingt ans ?

À ce stade de mon livre vous avez repéré tout ce qui a participé au profond mal-être qui vous a conduit au burn-out.

Je veux croire également que vous avez accueilli avec intérêt et peut-être gratitude les pistes que je vous ai données pour atteindre l'état de résilience vers lequel, je l'espère, vous tendez.

Je me suis souvent demandé ce qui fait que j'ai toujours avancé, malgré les quatre burn-out qui auraient pu me terrasser.

Pour être honnête, je crois que ça me dépasse.

Je suis très intuitive, à l'écoute de cette petite voix au fond de moi, qui m'a toujours poussée à me relever.

Vous ne l'entendez peut-être pas, cette petite voix, alors je vais parler pour elle. Je vais dire haut et fort ce qu'elle murmure.

C'est la raison pour laquelle j'ai écrit ce livre.

Pour moi, l'histoire finit bien.

Je souhaite de tout cœur qu'il en soit de même pour vous.

Mais comme il ne s'agit pas ici d'un livre de « recettes pour aller mieux » exclusivement, je vais maintenant vous inviter à vous poser les bonnes questions sur la façon dont vous voulez vivre désormais. Quelles sont vos aspirations profondes ? Qu'êtes-vous prêt à changer dans votre vie ?

Je ne vais quand même pas faire tout le boulot !

Ce questionnement est plus que nécessaire et salvateur pour ne pas retomber dans la spirale infernale du burn-out.

Pour aller encore plus loin, nous pouvons tous nous interroger sur l'avenir de cet univers passionnant qu'est la restauration, sur la place que nous occupons sur cette Terre et sur le rôle que nous pouvons y jouer.

26

À vif !

Ce n'est pas un scoop, la France est le pays de la gastronomie. Ses prestigieuses écoles de cuisine, son terroir qui offre une large diversité et ses restaurants renommés dans le monde entier font rêver les chefs étrangers. Et nos futurs chefs de cuisine aussi ! Pour l'anecdote, et pas des moindres, depuis 2010, « le repas gastronomique à la française et ses rituels » sont inscrits au patrimoine culturel immatériel de l'Unesco. Ce n'est pas rien, quand même ! Voilà qui met notre profession sur le devant de la scène.

Vu de l'extérieur, l'univers de la restauration fait rêver. Les chefs renommés, les restaurants étoilés, une gastronomie qui relève de l'excellence… Tout semble magnifique !

Mais vu de l'intérieur, qu'en est-il réellement de toutes ces petites mains qui en cuisine s'épuisent corps et âme pour un petit bout de cuisse de grenouille qu'elles ne mangent même pas ? Pourquoi tout donner à une profession qui demande tant de sacrifices ? Ce monde dans lequel le luxe côtoie la perfection est-il en adéquation avec le monde dans lequel nous vivons aujourd'hui ?

La gastronomie française fait couler beaucoup d'encre ces dernières années.

Dans la section gastronomique du magazine en ligne de France TV info, on peut lire que « le chef du "meilleur restaurant du monde" met la clé sous la porte ». En effet, le restaurateur danois du célèbre Noma, René Redzepi, explique que « l'on ne peut pas tout à la fois rester au firmament gastronomique, répondre à toutes les attentes, garder sa créativité, et maîtriser le stress que cela implique, avoir un management sain, ne pas transformer sa cuisine en caserne et ne pas perdre son humanité pour des plats qui demandent parfois 70 heures de préparation et une trentaine de personnes. C'est ce qu'a vécu René Redzepi, mais aussi ce qu'ont enduré et dénoncé certains de ses employés, notamment les stagiaires : si Noma a pu fonctionner jusqu'à présent, c'est parce que son chef a fait travailler des stagiaires gratuitement. »

Le retentissement de cet article dans la profession est venu jusqu'à mes oreilles, vous pensez bien. D'ailleurs, l'article précise :

« Depuis octobre, tous sont systématiquement rémunérés, mais le fait est là : la haute gastronomie écrase, elle exacerbe les frustrations, le stress, l'impulsivité. Le phénomène a d'ailleurs donné des idées pour des séries très réalistes qui cartonnent actuellement, comme *The Menu* ou *The Bear* ; leurs réalisateurs se sont d'ailleurs inspirés de la vie de Redzepi. Alors pourquoi tant de violence en cuisine ?

Le chef danois confie qu'il a fini par faire une thérapie pour examiner ses frustrations, ses peurs, sa solitude. Il revient certes sur son caractère, mais ajoute qu'il y a peut-être quelque chose de systémique. L'absurdité à se plier en quatre pour créer des plats à partir d'ingrédients locaux, de saison, dans une philosophie écologique et durable, pour en même temps ne servir qu'une minorité de gens qui sont précisément ceux qui affichent les pires bilans carbone de la planète. »

Avez-vous vu ce film de 2015 : *À vif* ? C'est une œuvre cinématographique avec Bradley Cooper et Omar Sy. Elle évoque un chef étoilé déchu, qui veut redorer son blason et conquérir Paris avec une troisième étoile Michelin. Drogue, alcool, violence, coups bas, crises de nerfs, sexe addictif… rythment le quotidien du séduisant et charismatique chef Adam (Bradley Cooper). Ce film, mal accueilli par la critique, est une fiction, mais il reflète ce qu'est la vie d'un cuisinier dans environ 70 % des cas.

Si c'est la passion qui nous anime, nous, les cuisiniers, nous faisons tous en sorte de répondre au besoin d'exigence et de créativité de notre profession. Avec notre cœur, avec nos tripes… Nous faisons de notre mieux, toujours, pour satisfaire les clients qui nous font confiance et s'attendent à passer un moment convivial et chaleureux dans nos restaurants. Ils viennent pour déguster des petits plats mitonnés avec amour, des recettes parfois classiques, d'autre fois plus audacieuses, mais toujours savoureuses. Et je suis convaincue qu'ils se moquent bien de la distance entre les rondelles de carottes disposées dans l'assiette !

Au nom d'une excellence qui fait la renommée de notre gastronomie, doit-on vraiment viser une perfection qui n'existe pas, de toute façon, quel que soit le domaine dans lequel on évolue ? Et puisque la perfection n'existe pas, la cuisine française n'aurait-elle pas besoin d'une image plus ancrée, plus axée sur l'authenticité ? Ce « retour aux sources » n'enlèverait rien à son exigence et à sa créativité, bien au contraire !

Je voudrais revenir sur mon parcours en cuisine et sur les différentes expériences que j'ai vécues, qu'elles soient positives, enrichissantes ou traumatisantes. Elles ont fait de moi la cheffe de cuisine, la gérante d'établissement ou tout simplement la personne que je suis aujourd'hui. Tout ce que j'ai vécu de douloureux dans les cuisines des restaurants pour lesquels j'ai travaillé a largement participé aux burn-out qui m'ont terrassée à quatre reprises.

Pourtant, au-delà des souffrances que j'ai endurées je veux retenir une belle leçon de vie : ces événements auraient pu me détruire, mais ils m'ont aussi ouvert les yeux et m'ont amenée à plus de spiritualité. Je dirais même que j'en suis ressortie grandie... Aujourd'hui, je sais exactement ce que je ne veux plus vivre et ce vers quoi je tends. J'ai trouvé et donné un sens à ma vie. Mais croyez-moi, le chemin pour arriver à cette fragile sérénité fut long et semé d'embûches...

Après l'obtention de mon diplôme à l'école hôtelière d'Avignon, mon premier job, en tant que commis de cuisine, fut pour le groupe Danone, au Royal Évian, hôtel de luxe 5 étoiles à Évian-les-Bains. J'étais fière d'intégrer un hôtel de luxe pour mon premier job ! Moi qui voulais vivre cette existence extraordinaire du monde de la cuisine depuis l'âge de 15 ans, je touchais enfin du doigt mon rêve, et qui plus est dans un établissement de luxe !

Un jour j'ai vu arriver un saumon sauvage sur les chariots roulants de cuisine. Un poisson de 1,30 mètre de long et environ 30 kilos ! Je n'aurais jamais imaginé qu'une telle chose existe ! J'étais époustouflée... J'ai compris à cet instant que moi, Sonia Bovi, 28 ans, je ne connaissais rien encore à la vie. J'avais tant de choses à voir et à découvrir, tant de choses à apprendre ! Face à ce saumon sauvage prêt à être découpé par l'équipe de cuisine, je me sentais humble et pleine de gratitude pour ce que notre planète nous offre. Et cela a fait taire, pour quelque temps au moins, mon *ego* et ma grande gueule de jeune femme rebelle.

Le restaurant du Royal Évian comptait plusieurs cuisines, chacune avec ses spécificités. Je travaillais dans la cuisine gastronomique, brigade dans laquelle évoluaient trente cuisiniers. Chaque partie avait sa mission : partie garde-manger, partie poisson, partie viande, partie room-service, partie snacking pour les piscines extérieures et les terrasses. Un après-midi, mon chef de cuisine m'a confié la mission de préparer des toasts de pain grillé pour l'apéritif d'un séminaire le soir même. Plus de cent personnes étaient attendues. Jeune commis, j'ai coupé et toasté de fines tranches de pain tout l'après-midi. Cela ne semblait pas difficile à faire et, appliquée à ma tâche, j'ai travaillé sans pause, mais avec joie et détermination.

Lorsque le chef est arrivé à 18 heures, il a été horrifié par mon travail. Selon son jugement, ce n'était pas parfait car les tranches de pain étaient irrégulières et mal toastées. Il a alors jeté les centaines de toasts aux ordures en me disant que ce n'était pas contre moi mais qu'on ne pouvait pas servir cela. Mon travail d'un après-midi entier s'est retrouvé dans la poubelle !

Puis il s'est mis au milieu de la cuisine et a hurlé aux trente cuisiniers qui s'affairaient déjà au service du soir d'arrêter de faire ce qu'ils faisaient. Il a ajouté que ce serait une honte de servir des toasts ratés, que ce n'était pas que mon problème mais celui de toute l'équipe. Alors chacun a lâché sa mise en place du moment et j'ai vu trente cuisiniers effectuer mon travail d'une demi-journée en quinze minutes.

La leçon a été rude pour moi… Mais pas de sentiments en cuisine, surtout lorsqu'il s'agit d'un hôtel de luxe ! La perfection doit être partout, au millimètre près. Cette perfection qui met la gastronomie française au premier rang dans le monde mais qui coûte si cher à tant de cuisiniers. Nous n'avons pas le droit de commettre la plus petite erreur et cela pousse beaucoup d'entre nous au burn-out.

Cette perfection m'a toujours été demandée, même dans les plus petits établissements. La satisfaction du client passait toujours avant les besoins des salariés.

Mais si cette perfection, ou du moins ce qui s'en approche, est possible dans les cuisines qui comptent de grandes brigades (où trente cuisiniers peuvent passer un quart d'heure à préparer des toasts), elle ne peut l'être dans des petites ou moyennes entreprises, dont les gérants sont écrasés par les charges : il n'y a pas assez de personnel pour répondre aux demandes du patron. Et croyez-moi, dans ces cas-là, les centaines de toasts ratés ne finissent pas à la poubelle !

Nous le voyons bien aujourd'hui, les restaurants de petite et moyenne taille sont passés à des cartes réduites. Finalement, ce n'est peut-être pas plus mal. Il y a certes moins de plats mais la garantie de produits frais et d'une exécution mieux maîtrisée est au rendez-vous. Ou devrait l'être. La qualité l'emporte sur la quantité, et les demandes des patrons en matière d'élaboration des recettes sont plus réalistes. Nous devons remettre les pieds sur terre, cette Terre qui nous nourrit, sans rien demander en contrepartie, sans exiger la perfection…

Avant d'aller plus loin, je voudrais revenir et insister sur un autre aspect sombre des coulisses de la cuisine, et certainement le pire, la maltraitance. Ce terme regroupe toutes les violences, les abus ou les négligences dont peuvent faire preuve des chefs ou des patrons envers leurs employés. Lorsque je dis « maltraitance », je pèse mes mots.

Parce que j'en ai souffert, certainement tout comme vous, à un moment ou un autre de votre parcours, que vous soyez cuisinier, commis ou plongeur…

Pourquoi évoquer une fois encore ce problème ?

Parce qu'on n'en parle pas.

Un tabou de plus !

Alors puisque je donne un grand coup de pied dans la fourmilière, autant aborder tous les sujets qui fâchent ! Qu'elle soit physique ou morale, cette violence que l'on tait et que l'on cache relève le plus souvent des individus stressés et sous pression. On peut l'expliquer ainsi. Sans pour autant la cautionner.

Il y a quelques années, le grand chef étoilé Thierry Marx a accepté de lever l'omerta sur les violences en cuisine : « Être un leader en cuisine ne doit pas faire de vous un bourreau. Quand vous êtes un chef connu et reconnu, cela ne fait pas de vous un élu du divin. Il faut mettre en place et respecter un code moral… Si tu gueules, si tu tapes, c'est que tu n'es pas sûr de toi, que tu es dans la frustration. Ce n'est pas convenable et ça ne donne pas l'image d'un chef respectable, d'une profession respectable. »

Sans excuser les maltraitances qui sévissent dans certaines cuisines, Thierry Marx tente de les expliquer : « Un service est une bouilloire, avec une pression excessive sur des personnes qui sont là pour montrer une cuisine d'auteur – le chef de cuisine est lui aussi inquiet de ne pas être compris par son public –, le tout sans que le client s'en rende compte. Donc il faut absolument mettre en place le management adéquat pour que nos collaborateurs soient dans le bien-être. »

Pourtant, la maltraitance sévit toujours dans de nombreuses cuisines, légitimée par le stress permanent des employés et des patrons, la surcharge de travail, la pression ou tout simplement des « traditions », des « rituels de bizutage » dépassés et inadmissibles. J'en ai fait plus d'une fois la douloureuse et amère expérience, que ce soit dans des établissements prestigieux ou des restaurants plus modestes.

Je me souviens avoir travaillé dans un restaurant gastronomique, dans le sud de la France, dirigé par deux patrons qui avaient « fait leurs classes » dans des établissements étoilés. En qualité de patrons, ils reproduisaient les mauvais traitements qu'ils avaient eux-mêmes subis, et par conséquent cautionnaient ceux qui étaient infligés à leurs employés. C'est ainsi que, certains soirs d'hiver, je me suis retrouvée avec une pelle et une brouette, à enlever des tas de terre dans le parc du restaurant.

L'établissement venait d'ouvrir et les patrons n'avaient pas les moyens de faire intervenir un paysagiste, alors le jeune commis récemment embauché ferait l'affaire. Vous me direz : « Ce n'est pas vraiment de la maltraitance. » Bien sûr que si ! Je n'avais rien à faire, moi, jeune commis, dans la nuit et le froid, une pelle à la main. À l'époque, j'avais besoin d'argent, j'étais jeune et naïve, novice dans le métier, donc je n'osais pas me rebeller. Je savais pourtant pertinemment que je n'avais pas été embauchée pour ça, que mon métier était alors de préparer des sauces et non d'aller creuser la terre dans le noir…

Maltraitance physique et morale !

Prenant mon courage à deux mains, j'ai fait un jour la réflexion au patron que ce n'était pas à moi de faire cela. Il m'a rétorqué que lorsque lui était apprenti, on le faisait plumer des poulets dehors, dans le froid et la neige, que les autres cuisiniers lui avaient assuré que c'était de cette façon qu'il ferait partie intégrante de l'équipe. Point. Inutile de pousser plus loin la réflexion !

En fait, c'était une sorte de bizutage, un rituel absurde qui se transmettait de génération en génération.

Mais quel sens donner à tout cela ? Il n'y en a aucun !

Il n'y en avait pas « à l'époque », il n'y en a toujours pas aujourd'hui !

Je sais pertinemment que de nos jours, en 2024, dans les cuisines de certains palaces, ces rituels humiliants ont toujours cours. Tristes bizutages après lesquels seuls les plus aguerris continueront l'aventure… Une sorte de « sélection naturelle » dans la course à la réussite des cuisiniers… Mais au nom de quoi doit-on accepter ce genre de pratiques ?

En 2014, le chef Gérard Cagna fut à l'origine du manifeste « Touche pas à mon commis » suite aux mauvais traitements dont fut victime un jeune apprenti, brûlé volontairement aux bras par un membre de sa brigade, un chef de partie. Cela se passait dans un grand restaurant parisien, le Pré catelan. Le chef de cet établissement a aussitôt pris les mesures qui s'imposaient : l'apprenti a quitté le restaurant et le chef de partie a été licencié.

Mais l'apprenti n'a pas porté plainte. Chut ! Rien ne doit sortir des cuisines…

Gérard Cagna déclarait à l'époque : « Je voudrais qu'on affiche ce manifeste dans toutes les cuisines de France, et que les chefs s'y tiennent. Plus aucun stagiaire, aucun commis, aucun membre d'une brigade – et ce quelle que soit la taille de l'entreprise – ne doit subir ce qu'a subi ce jeune. Ni aucun harcèlement d'aucune sorte. » Et il ajoutait : « Il faut refuser la banalisation des petites violences ordinaires à tendance bizutage. »

Face à la violence et aux mauvais traitements qui règnent dans les cuisines de certains restaurants, plusieurs chefs français ont signé ce manifeste afin d'interpeller leurs pairs et de lever le voile sur ces actes qui entachent toute la profession. Si ces abus ont été révélés au grand jour, malheureusement, le sujet est toujours d'actualité. Certaines « traditions » ont la vie dure !

Il y a quelque temps, lors d'une de mes sessions de recrutement de personnel, un jeune cuisinier m'avoua qu'on l'avait enfermé pendant plusieurs heures dans la chambre froide. Il était plein d'ambition et considéré comme le chouchou du chef de cuisine. Cela lui avait valu la jalousie et les foudres des autres cuisiniers et avait motivé cet acte malveillant, qui aurait pu se révéler dangereux.

Toujours cette course malsaine à la réussite, quitte à piétiner les collègues, quand on ne s'en prend pas à eux physiquement…

J'en remets une couche ? Dans le même ordre d'idées, il existe un jeu, dans les cuisines, auquel tout bon cuisinier a joué au moins une fois dans sa vie : le jeu du torchon. Si vous évoluez dans l'univers de la restauration, vous savez très bien de quoi je parle : vous avez tenu ce torchon entre vos mains, ou bien il s'est abattu sur vous !

Il s'agit tout bêtement d'enrouler un torchon sur lui-même et de l'utiliser comme un fouet. Je peux vous assurer que les coups sont extrêmement douloureux ! La variante de ce jeu est tout aussi sympa, puisqu'il s'agit de mouiller le torchon afin que cela fasse encore plus mal lorsqu'il vous fouette !

Drôle de jeu, n'est-ce pas ?

Je l'ai personnellement vécu, toujours dans ce restaurant gastronomique du sud de la France. Et il a fallu que je crie très fort pour qu'on arrête enfin de me frapper « pour s'amuser » !

Mais je me souviens d'une jeune apprentie qui rentra un soir chez elle avec tellement de marques sur les avant-bras que son père ne put faire autrement qu'intervenir : il mit fin au stage de sa fille et menaça de porter plainte contre le restaurant. L'école hôtelière fut informée des agissements de ces deux patrons qui furent bien obligés de faire cesser ces abus.

Autre rituel, de « fin de stage » cette fois, tout aussi « drôle » que les précédents. J'étais alors à Annecy. Cela se passait en hiver. Le second de cuisine, toujours dans l'idée de « s'amuser », me plaqua au sol et me maintint la tête dans la neige pendant plusieurs secondes. Je suffoquai, la respiration coupée. Je crus bien que j'allais y passer ! Apparemment ce rituel était une façon de dire : « Maintenant, tu es des nôtres. » Mais pour moi, ce n'était ni drôle ni valorisant, j'étais plus terrorisée et dégoûtée qu'autre chose…

Pour le coup, je n'avais plus vraiment envie d'être des leurs !

27

Cessez le feu !

Cela a pris du temps mais petit à petit, j'ai eu assez confiance en moi pour arriver à dire « non » ou « stop ». Si j'ai pu le faire, vous le pouvez, vous aussi !

L'univers de la cuisine ressemble un peu à celui de l'armée, avec ses brigades, ses chefs, sa hiérarchie (chef, sous-chef, chef exécutif, chef de partie, premier commis, commis de cuisine, etc.), sa rigueur, sa discipline et son travail en équipe. À une différence près, mais pas des moindres, on ne fait pas la guerre. Et pourtant, dans certaines cuisines, on dirait bien !

Guerre des sexes, guerre des *ego*, rivalités entre la salle et la cuisine, jalousie entre collègues… Comment trouver sa place et donner le meilleur de soi, que l'on soit passionné ou pas, dans une telle ambiance ? Qui aurait envie de venir travailler dans ce milieu qui semble si hostile ?

Tout cela a largement contribué à ternir l'image de la profession auprès des jeunes recrues, ce sang neuf dont nous avons tant besoin pour que nos établissements tournent correctement ! Ajoutez à cela les horaires difficiles et décalés (nous travaillons pendant que vous vous amusez), pas de week-ends, peu de soirées, des salaires parfois en dessous du Smic et un travail épuisant, vous avez le combo gagnant qui explique la pénurie de main-d'œuvre.

Tout le monde s'accorde là-dessus : sans prise de conscience ni changements notoires, la gastronomie, dans notre pays, a du souci à se faire !

Il est facile de comprendre pourquoi notre profession peine à recruter. Beaucoup d'autres corps de métier souffrent également du manque de personnel, certes, mais il faut reconnaître que cela devient critique dans la restauration. Fin 2022 par exemple, entre 200 000 et 300 000 emplois restaient non pourvus dans le secteur de l'hôtellerie-restauration. Ces chiffres sont énormes !

Et si, cerise sur le gâteau, vous entendez parler du nombre impressionnant de burn-out, démissions et suicides dans l'univers de la restauration, comment voulez-vous donner à des jeunes l'envie de se lancer dans ce métier ? Même animés d'une passion dévorante, même s'ils réalisent leur rêve en rejoignant les cuisines de prestigieux établissements, ils finiront un jour ou l'autre par s'orienter vers une profession moins exigeante, moins fatigante, moins chronophage, mieux payée et, surtout, moins stressante. Mais ils auront renoncé à leur passion…

Alors la profession doit changer ! Je le dis, je le crie, je le hurle. Pour le bien-être de ses salariés, pour redorer l'image d'un univers qui a fait et fait encore rêver, pour que ce métier redevienne attirant, pour que la gastronomie française garde ses lettres de noblesse ou tout simplement parce que ce n'est plus acceptable, la profession doit changer.

Nous sommes désormais au pied d'un mur qu'il nous faudra bien franchir si nous voulons sauver les emplois dans la restauration, éviter à des établissements de mettre la clé sous la porte et redonner à tous ces jeunes que l'univers de la gastronomie française fait encore rêver l'envie de nous rejoindre.

Il y a urgence, le torchon brûle en cuisine !

Avant toute chose, les cuisines des restaurants, quelle que soit leur renommée, doivent revoir leur copie en matière de gestion des brigades. Les chefs de cuisine sont de plus en plus jeunes et n'ont souvent aucune formation pour manager une équipe. Ce n'est pas forcément inné, cela s'apprend ! Et sans formation pour gérer un personnel surchargé de travail et épuisé, les dérapages sont quasi inévitables.

Au-delà des formations en management, il faut aussi remettre en question la façon dont on fait preuve de l'autorité nécessaire au bon fonctionnement de la brigade. Les hurlements, les insultes et les remarques blessantes ne sont pas synonymes d'autorité. Ils ne sont que l'expression d'un chef débordé et stressé.

Tout peut être dit et demandé, voire ordonné, mais il y a, toujours, le ton utilisé et la façon de le faire. Une demande énoncée avec calme et fermeté sera bien plus efficace et bien mieux reçue qu'un ordre aboyé sur un ton excédé ou colérique. Elle induira sans nul doute une réponse satisfaisante et adaptée à la demande.

Par contre, un ordre hurlé de manière hystérique entraînera peur et stress, donc perte de moyens chez celui qui le reçoit. Par conséquent, il y a très peu de chances que la réponse soit celle qu'attendait celui qui a perdu toute autorité en hurlant.

J'ai fait et je fais encore aujourd'hui de mon mieux (souvenez-vous, le quatrième accord toltèque…) pour que l'ambiance soit détendue dans les cuisines de mes deux restaurants. Je vous assure que c'est réalisable avec de la bonne volonté, l'envie de faire évoluer les choses et une indispensable remise en question.

Il faut que le bien-être et la sérénité retrouvent leur place dans ces endroits où le stress et l'effervescence donnent lieu à des dérapages inacceptables. Toutes les formes de maltraitance, toutes les violences, physiques ou verbales, doivent être sanctionnées. On ne doit plus fermer les yeux !

Travailler dans une ambiance sereine, détendue et conviviale a forcément une incidence directe sur l'assiette posée devant le client. C'est logique, non ? Comment respecter la notion du « plaisir de nourrir » et transmettre des émotions lorsque le plat a été préparé dans les hurlements et la peur ?

Un employé heureux de venir au boulot donnera le meilleur de lui-même. Sa bonne humeur se retrouvera aussi bien dans les plats qu'il prépare que dans l'ambiance de la cuisine ou dans sa relation avec ses collaborateurs. Il n'en sera que plus créatif et productif. Il rentrera chez lui avec le sentiment d'avoir fait de son mieux, et n'appréhendera pas le retour au boulot le lendemain. En voilà un qui a de grandes chances d'échapper au burn-out !

A contrario, un employé qui vient travailler la boule au ventre s'épuisera dans des tâches qu'il accomplira sans plaisir, et cela s'en ressentira tout autant dans les assiettes qu'il enverra… Son amour pour la cuisine l'aura quitté et il finira, un jour ou l'autre, par s'effondrer. Il rendra son tablier et ira grossir les rangs de tous ceux qui ont cru pouvoir vivre leur passion dans les cuisines des restaurants… Quel gâchis !

Le patron a donc tout à gagner à faire en sorte que ses collaborateurs soient heureux de venir au boulot. Alors pourquoi est-ce si difficile de faire bouger les choses ?

Très sincèrement, c'est ce vers quoi je tends, dans les deux établissements que je dirige. Je fais de mon mieux pour instaurer une relation franche et sereine entre mes employés et moi. Et croyez-moi, voir mes salariés arriver au restaurant avec le sourire est très gratifiant !

Il faut tout simplement commencer par respecter la convention collective des métiers de la restauration ainsi que les articles du Code du travail qui régissent notre profession. Ils sont là pour protéger les salariés, et non pour être en permanence contournés. C'est un début, je dirais même que c'est le minimum syndical, non ? De quel droit peut-on disposer de la vie et du temps d'un employé sans aucun respect du cadre légal ?

Mais ce n'est pas suffisant, loin de là ! Il doit y avoir une réelle prise de conscience du malaise qui existe dans les cuisines, de tous ces travers dont j'ai longuement parlé. Il faut enfin et définitivement lever le voile sur les sujets tabous qui entachent la réputation de la restauration.

Au-delà de cette mise en lumière, des mesures doivent être prises, les lois doivent être appliquées, les sanctions doivent tomber. Il y va de la survie de notre profession !

Je n'ai pas de solutions toutes faites, moi, Sonia Bovi, cheffe de cuisine, pour venir à bout de tous les aspects sombres qui ternissent l'image de la profession.

Mais j'ose donner un grand coup de pied dans la fourmilière, c'est déjà pas mal, non ?

J'ose balancer un coup de projecteur sur la noirceur des coulisses de la cuisine.

J'ose dire, mettre des mots sur ce que l'on cache. Je dénonce. Et j'ai raison de le faire ! J'ai la prétention de faire bouger les choses avec ce livre, qu'il ouvre les yeux et les consciences.

Parce qu'il ne peut en être autrement et qu'il est grand temps que cela change. Nous n'avons plus le choix !

Parce que, patrons ou employés, vous savez que j'ai raison. Vous savez que tout ce dont je parle ici est réel, malheureusement.

Parce qu'il est de mon devoir, au nom de ma passion pour la cuisine et de mon humanité, d'essayer de faire évoluer les mentalités.

Parce que les quatre burn-out qui ont bien failli me détruire doivent servir à quelque chose.

Pour cela, chacun doit prendre ses responsabilités, dans le respect de l'autre, des lois, et des valeurs auxquelles on ne peut déroger.

Sexisme, machisme, humiliations, violence, maltraitance, non-dits… ce n'est plus acceptable, ça ne l'a jamais été !

Il incombe aux patrons et aux chefs de cuisine de se remettre en question et de porter un regard neuf, honnête et sincère, sur leur façon de gérer leurs collaborateurs.

Je ne leur jette pas la pierre, ils subissent eux aussi une énorme pression. Mais prendre soin de leurs équipes et les respecter les amènera à prendre soin d'eux-mêmes. Un début de cercle vertueux ?

28

Soyons à l'écoute de notre profession !

Pour que les choses évoluent enfin, il est nécessaire aussi que les employés se fassent entendre lorsqu'ils vivent des situations qui ne sont pas acceptables.

Se taire, que ce soit par peur, par honte ou bien par lassitude, c'est cautionner… Et rien ne changera jamais ainsi ! S'exprimer, même si c'est difficile, même si on pense que ça ne servira à rien, c'est un premier pas vers un mieux. Un mieux pour celui qui ose dire et se libère, un mieux aussi pour l'ensemble des employés qui bénéficieront des mesures prises suite à cette courageuse prise de parole (souvenez-vous de ma triste expérience à l'école hôtelière).

Patrons et employés doivent œuvrer de concert pour instaurer une ambiance détendue et sereine dans les cuisines. Ils ont, les uns comme les autres, tout à y gagner, je vous assure. Les problèmes de gestion des restaurants sont déjà bien assez anxiogènes, alors autant permettre à la Cuisine avec un grand C de s'exprimer sans prise de tête.

Tenir un restaurant et le maintenir à flot n'est pas chose facile. J'en suis tout à fait consciente et, croyez-moi, je suis bien placée pour en parler. Les problèmes de gestion, de personnel, d'approvisionnement et de trésorerie sont aussi mon quotidien.

Vous le savez, nous le savons tous, vous l'avez peut-être même déjà vécu, chaque jour des restaurateurs mettent la clé sous la porte ou rendent leur tablier. Le nombre de fermetures d'établissement, que ce soit en restauration traditionnelle ou en restauration rapide, est passé de 13 232 en 2019 à 20 579 en 2022. Ces chiffres sont énormes, et c'est triste et injuste pour ceux qui perdent tout. Être propriétaire d'un restaurant est souvent l'aboutissement de toute une vie de labeur, de sacrifices parfois, de passion toujours… Lorsque vous devez fermer votre établissement, c'est une part de vous qui s'éteint. Je ne parle pas des investisseurs qui se lancent dans la restauration en pensant qu'il suffit de savoir cuisiner deux ou trois gâteaux pour faire fonctionner un restaurant… La cuisine est un vrai et difficile métier, qui ne s'improvise pas.

Au-delà de ces fermetures et de ces rêves brisés, certains chefs vont jusqu'à sombrer dans une profonde dépression pouvant aller parfois jusqu'au suicide. Je pense à Bernard Loiseau, ce chef étoilé à qui tout semblait sourire et qui s'est donné la mort en 2003, mais il y en a eu d'autres. La liste s'allongera malheureusement si rien ne change.

Derrière ces restaurants qui ferment, ces chefs de cuisine qui s'effondrent, ce personnel qui fuit la restauration, se joue un véritable drame humain... que l'on cache, comme toujours, dans l'univers de la restauration.

Les terribles conséquences de la pandémie de Covid et des confinements qu'elle a entraînés sont à ce sujet désastreuses... Parce qu'elles ont durement impacté toute notre profession. Du jour au lendemain, des milliers d'établissements ont dû fermer. Pour un grand nombre de restaurateurs, ce fut le coup de grâce ! Je pense à mon collègue Fausto Avila, avec qui j'ai travaillé à Annecy, ex-époux de Florence Cassez. Il s'est suicidé pendant le confinement, face à des problèmes personnels, la fermeture de son restaurant et l'isolement créé par celui-ci. Il avait appelé son restaurant : Les Gens heureux... triste paradoxe !

Sans mon inébranlable combativité et le soutien sans faille de ma compagne, j'aurais pu moi-même tout perdre, car je venais juste d'acheter mon premier restaurant. Je venais enfin de réaliser mon rêve le plus cher. Je m'en suis sortie mais pour cela, j'ai dû me battre comme une lionne. D'autres n'ont pas eu cette chance...

Je suis révoltée lorsque je fais ce terrible constat. Révoltée et inquiète ! Notre profession est clairement en danger ! Nous sommes en France, un pays réputé dans le monde entier pour sa gastronomie. Et rien ne bouge ! On ferme les yeux ! On s'accroche à une image figée qui se ternit un peu plus chaque jour. Notre célèbre gastronomie est en train de perdre ses lettres de noblesse… Mais pourquoi ?

Il existe une telle pression sur les responsables d'établissement, et par ricochet sur leurs collaborateurs, que l'on finit par comprendre, sans toutefois l'excuser, qu'il y ait autant de tensions dans les cuisines. Comment voulez-vous qu'un patron épuisé, qui croule sous les charges et les responsabilités, qui doit penser productivité et qui, de surcroît, a beaucoup de mal à recruter du personnel, réussisse à manager ses équipes en toute sérénité ? Sans oublier les désormais incontournables et de plus en plus impitoyables réseaux sociaux qui peuvent bousiller votre réputation en quelques avis ou commentaires, parfois fondés certes, mais parfois honteusement fictifs.

De tous côtés, il faut faire front !

On nous demande d'augmenter les salaires, ce qui est tout à fait compréhensible puisqu'il est de plus en plus difficile pour tout un chacun de joindre les deux bouts. Mais comment faire quand les charges sont de plus en plus lourdes ? Les factures d'électricité explosent, l'inflation de la nourriture et des produits de base ne cesse de croître, sans parler des charges salariales qui nous étranglent. Lorsque nous employons un salarié, nous payons deux fois le montant de son salaire : une fois à lui, une fois à l'État ! Mais que fait l'État pour nous ?

Nous, restaurateurs, nous sommes littéralement asphyxiés ! Et personne ne semble le voir… *Help !*

La pénurie de main-d'œuvre est criante et toutes les raisons que j'ai évoquées précédemment la justifient aisément. Pourtant, il faut faire avec ! Nous n'avons pas le choix, si l'on veut que nos établissements assurent les couverts indispensables à leur survie. Adieu les trente-cinq heures légales ! On doit remplacer au pied levé les personnes manquantes, jongler entre les horaires des uns et des autres pour qu'il y ait assez de personnel afin d'assurer correctement les services.

Bonjour la fatigue, le surmenage et… le burn-out ?

Nous devons aussi gérer de la paperasse à gogo, ce qui rallonge considérablement nos heures de travail et grignote le temps que nous pourrions passer devant les fourneaux (on dit souvent que la France est le pays de la paperasse ; eh bien c'est vrai !). Il nous faut suivre des formations obligatoires payantes et qui ne riment à rien. On nous demande de mettre en place des protocoles de sécurité… Et tant d'autres choses ! Quel temps nous reste-t-il pour concocter les recettes que nos clients attendent ? Et pour faire le lien avec le sujet principal de ce livre, quel temps nous reste-t-il pour nous, notre famille, nos amis ?

Franchement, il faut être drôlement motivé pour être restaurateur aujourd'hui. Mais rassurez-vous, je le suis toujours. Rien ne pourra jamais entraver ma passion pour la cuisine. Et maintenant que j'ai enfin mon propre restaurant, je ferai tout pour qu'il perdure !

Vous pensez peut-être que les responsables et les chefs de cuisine d'établissements étoilés, connus et réputés, échappent à cette pression ? Il n'en est rien ! C'est même tout le contraire car, en plus des contraintes propres à tout restaurant, les chefs ayant reçu les fameuses étoiles du célèbre guide Michelin vivent bien souvent avec la peur de les perdre… Il s'agit certes d'une très belle reconnaissance, qui vient récompenser une cuisine d'excellence. Mais ces célèbres petites étoiles sont souvent synonymes de stress et d'anxiété, même si elles apportent considération et clientèle.

Une fois que vous êtes « entré dans le Michelin » (c'est l'expression consacrée), vous devez être à la hauteur de vos étoiles, quoi qu'il vous en coûte. Il vous faudra travailler encore plus dur pour garder cette distinction et continuer à répondre aux critères drastiques du petit guide rouge. Imaginez l'angoisse lorsqu'un inspecteur du guide vient vérifier que vous êtes à la hauteur de vos étoiles…

Et une fois que votre établissement figure dans le Michelin, pourquoi ne pas ajouter une étoile à celle que vous avez déjà obtenue, puis une autre encore ? Le challenge sera ensuite de les conserver ! Mais si vous perdez ne serait-ce qu'une de ces précieuses étoiles, vous risquez bien de perdre beaucoup plus…

Cette pression est parfois très mal vécue, au point que des chefs qui ont reçu cette distinction prennent la décision de rendre leurs étoiles et de se retirer du fameux guide.

En 2017, Sébastien Bras, à la tête du restaurant Le Suquet à Laguiole, a rendu ses trois étoiles. Trois étoiles au Michelin ! Ce n'est pas rien, quand même ! Et pourtant, ce grand chef a préféré sortir de ce guide réputé… Il expliquait alors : « Je vais pouvoir me sentir libre, sans me demander si mes créations vont plaire ou non aux inspecteurs du Michelin. » La liberté de créer n'a pas de prix.

Le chef cuisinier et pâtissier Cyril Lignac est le dernier en date à quitter le carcan du guide Michelin. Il a fermé son établissement parisien Le Quinzième et renoncé à son étoile en 2019 en disant qu'il n'avait « plus envie d'être dans ce système de classement », qu'il souhaitait « s'en libérer ». « À partir du moment où le Michelin te distingue, tu n'es plus chez toi. Tu cuisines pour les inspecteurs. Tu as peur de perdre ton étoile, tu en veux une deuxième. Et ça, ça ne me convient plus. »

Certains chefs sont même prêts à s'endetter pour faire de leur restaurant un établissement susceptible d'être récompensé par la célèbre distinction du guide Michelin. Oui, elles peuvent coûter cher, ces petites étoiles…

Et qu'en est-il de la liberté de créer des chefs cuisiniers ? La notion de plaisir peut-elle survivre quand il s'agit de compétition et de course aux honneurs ?

Peut-on exercer ce métier de passion en toute sérénité lorsqu'on vit dans la peur de perdre ne serait-ce qu'une étoile et de sombrer dans le déshonneur ?

Si de nombreux chefs ont souhaité ne plus apparaître dans ce guide, il est peut-être temps que cette référence internationale dans l'univers de la gastronomie repense ses critères de notation, non ?

Pour l'anecdote, savez-vous que le guide Michelin était, lors de sa création en 1900, un livret publicitaire de quatre cents pages distribué gratuitement ? Les deux frères fondateurs de l'entreprise de pneumatiques Michelin souhaitaient que ce guide « donne tous les renseignements utiles à un chauffeur voyageant en France... pour lui permettre de se loger et de se nourrir ». On est bien loin de la réputation de prestige de l'actuel guide et de son contenu pour le moins élitiste, il me semble...

Et si l'on faisait plutôt briller des étoiles dans les yeux de nos clients ? Et si l'on parlait avant tout d'authenticité, de liberté de créer, du plaisir de « nourrir » les gens ?

Et si les notions de rentabilité, d'argent et de compétition passaient au second plan ?

29

Le beurre, l'argent du beurre et la crémière avec

J'avoue que lorsque, plus jeune, j'ai accédé à des postes de chef de cuisine, j'ai vraiment travaillé dur : parce que la passion m'animait, c'est vrai, mais aussi parce que je voulais gagner de l'argent, beaucoup d'argent. Par peur d'en manquer peut-être, pour pouvoir beaucoup dépenser sûrement. À cette époque, j'avais besoin de flamber. C'était une façon pour moi de me sentir en vie ! Fringues, restos, sorties, je voulais pouvoir dépenser sans compter. Ma valeur personnelle était alors étroitement associée à ma réussite financière. Si je ne pouvais pas dépenser autant d'argent que je le souhaitais, j'avais le sentiment de ne pas valoir grand-chose.

Mais les burn-out ont tout remis en question. Et c'est tant mieux !

J'ai amorcé un changement dans ma façon de vivre et de penser mais j'ai également remis de l'ordre dans mes priorités. Ma quête d'authenticité m'a amenée à une vie plus saine, et surtout plus heureuse puisqu'elle m'a permis de rencontrer ma femme. Mais elle a aussi déclenché une remise en question de mon rapport à l'argent. Il était temps !

J'ai arrêté de claquer de la tune, comme on dit. J'ai compris que ma valeur personnelle n'avait rien à voir avec ma réussite financière. Alors j'ai commencé à économiser et à mettre de l'argent de côté pour atteindre des objectifs de vie plus constructifs, plus tangibles. Terminés les restos, les sorties, les fringues, je suis passée à autre chose ! J'ai ainsi pu financer des projets qui me tenaient vraiment à cœur : l'investissement dans l'immobilier, des formations de développement personnel, en management, en communication, tout cela afin d'impacter mon environnement, mes proches, mes équipes, et de les faire grandir avec moi. Et surtout, j'ai enfin pu acheter mon premier restaurant, puis un deuxième. Et j'ai même pu organiser des placements pour ma retraite. C'est vous dire à quel point j'ai changé !

Je suis une « jeune » entrepreneure, alors j'ai beaucoup investi, surtout pour mes établissements. Je ne le regrette pas, bien au contraire ! Mais il faut avouer que les temps sont durs pour moi comme pour tous mes confrères et consœurs. Je me bats au quotidien pour faire fonctionner mes restaurants. Je ne baisse jamais les bras mais lorsqu'il le faut, je lève le pied.

Alors oui, aujourd'hui j'ai moins d'argent que lorsque j'étais salariée. Mais ce n'est plus un problème. Et de vous à moi, la liberté n'a pas de prix. Je ne renie pas ma sécurité financière et je fais de mon mieux, une fois encore, pour que mes restaurants tournent bien et que mes salariés soient correctement payés. Mais j'aborde différemment les questions d'argent. J'ai remis mes priorités dans le bon ordre, je me suis réalignée avec mes vraies valeurs.

Aujourd'hui je vis plus simplement, c'est vrai, et si j'investis, c'est sur la richesse de mes relations et sur l'empreinte que je laisserai sur la Terre plutôt que sur un compte en banque bien rempli. Je privilégie le plaisir que j'ai toujours à élaborer des recettes, le temps que je passe avec les personnes que j'aime et les moyens que je mets en place pour limiter mon impact écologique.

Pour ma part, je ne veux plus d'une restauration de « fric ». Mon but n'est pas de faire rentrer de l'argent à tout prix dans la caisse. Bien sûr, je veux gagner ma vie correctement et arriver à faire tourner mes deux restaurants. Mais j'ai rayé de mon vocabulaire le terme « productivité ». Je refuse une cuisine où l'on utilise de mauvais produits achetés à petit prix, sans saveur et de mauvaise qualité, pour faire une grosse marge et se remplir les poches. Cette cuisine au rabais ne reflète pas l'amour du métier, ni le respect du client, du produit et de la planète. En un mot, elle ne me ressemble pas du tout.

Je ne veux pas que mes restaurants soient des restaurants « à touristes », des usines à fric. Je ne veux pas non plus que mes établissements s'adressent à une élite en capacité de s'offrir des menus hors de prix, une poignée de personnes qui ne comprendront pas le message que je veux faire passer avec mes plats.

Ce que je veux, moi, c'est que mes restaurants soient authentiques et généreux. Ils sont une extension de moi. Ils reflètent qui je suis, moi, Sonia. Ils s'inspirent de ma personnalité profonde. Ils sont un moyen d'expression sincère et vibrant de passion.

Mes restaurants racontent ma vie, des petits bouts de mon histoire… « J'y mets mes joies, j'y mets mes peines, toute la [cuisine] que j'aime… » Merci, monsieur Hallyday, cet extrait de l'une de vos chansons colle parfaitement à ma façon d'exprimer ma passion ! Oui, la cuisine est le prolongement de qui je suis, moi, Sonia. J'y mets mon âme, une part de mon ADN, et tout mon savoir-faire…

Je ne cuisine pas pour faire du chiffre. Moi, j'élabore des recettes que j'ai imaginées avec toute la créativité qui me définit. Je mitonne des petits plats pour « nourrir les gens », au sens littéral du terme. « Nourrir », c'est « donner à quelqu'un les aliments nécessaires à sa vie, à son développement ». Il ne s'agit pas uniquement de remplir les estomacs des clients et la caisse du restaurant ! Pour moi, « nourrir » est véritablement un acte d'amour. Ce n'est pas seulement « faire à manger » pour répondre à un besoin primaire. Ça, n'importe qui peut le faire et un plat tout prêt acheté dans un supermarché fera l'affaire. Moi, je vous parle de vraie cuisine, lorsque des ingrédients de qualité s'assemblent et se mélangent pour un résultat savoureux, souvent original et toujours appétissant !

Alors lorsque je cuisine pour les clients de mon restaurant ou tout simplement pour les gens que j'aime, c'est une part de la Terre nourricière et une part de moi-même que j'offre de bon cœur. C'est ma façon à moi de donner de l'amour, à travers une alchimie de couleurs et de saveurs qui naît de ma créativité et de mon désir de faire plaisir. Au-delà d'un estomac bien rempli, je veux provoquer des sensations, des émotions, et faire plaisir en donnant le meilleur de moi-même. Nourrir les corps, nourrir les âmes…

Pour être connectée avec mes clients, pour mieux comprendre leurs besoins et leurs envies, je n'hésite plus à sortir de ma cuisine et à aller à leur rencontre. Échanger avec eux me nourrit en retour.

C'est vrai, je suis fière d'être présente dans le Gault et Millau. Cette distinction vient récompenser mon travail en cuisine. Ça va m'apporter plus de clientèle, ça me fait de la pub. J'en suis consciente. Mais je ne cherche pas les étoiles. Je ne cherche pas la toque (il s'agit du petit symbole que le Gault et Millau vous attribue en fonction de votre note). Le plus important pour moi, c'est mes clients, mon « public »… C'est avant tout de leur reconnaissance à eux dont j'ai besoin !

Et lorsque je me nourris, moi, c'est de mon corps que je prends soin. Je le lui dois pour qu'il me permette, chaque jour, d'être en pleine forme pour évoluer dans ma cuisine. Nourrir et se nourrir doivent être des actes responsables, pensés et réfléchis. Il est vital de faire du bien à notre corps en lui apportant des nutriments de qualité, issus d'une agriculture ou d'un élevage respectueux de la planète. Et il est tout aussi important de retrouver la notion du plaisir gustatif.

Exit les produits fades et sans saveur que l'on noie sous des tonnes de sauces toutes plus chimiques les unes que les autres ! Comment voulez-vous éprouver une quelconque émotion en avalant un plat qui n'a ni saveur ni couleur ? Tout ce dont nous avons besoin pour nous nourrir nous est fourni par notre Terre. À nous, cuisiniers, de faire marcher notre créativité pour offrir à nos clients des recettes succulentes.

Il s'agit d'aligner les bons produits naturels, sains et savoureux, que la Terre nous offre avec la façon dont nous les consommons. Quoi de plus simple, en fait ? Et si la sensation de plaisir accompagne cet acte, que ce soit pour le cuisinier ou pour la personne qui déguste son plat, c'est encore mieux, le pari est gagné. C'est la raison pour laquelle je travaille le plus possible avec des producteurs locaux, que je connais personnellement et qui défendent les mêmes valeurs que moi. J'en ai rencontré certains lorsque j'ai dû me remettre à travailler pendant le premier confinement. Depuis, j'élargis petit à petit le cercle de mes fournisseurs.

La carte de mon restaurant est simple mais composée de plats préparés en grande partie avec des produits du terroir. Dans un avenir proche, seuls des produits locaux seront utilisés pour mes créations culinaires. Bien évidemment, cela prend du temps car il faut aller à la rencontre des producteurs, apprendre à les connaître et prendre le temps d'échanger avec eux afin de sélectionner les meilleurs.

Le temps reste toujours un paramètre difficile à gérer lorsqu'on travaille dans la restauration, *a fortiori* quand on est patron de son propre établissement, mais j'y arriverai. Un pas après l'autre !

Je me le dois, à moi, Sonia, pour être alignée avec mes valeurs.

Je le dois à mes clients, qui viennent chercher dans mon restaurant une authenticité et une sincérité que beaucoup d'établissements ne prônent plus.

Je le dois à mes collaborateurs, qui prennent plaisir à travailler de bons produits.

Et je le dois à la planète, à cette Terre qui me permet d'évoluer et de vivre à fond ma profession passion.

30

Trouvons des solutions vertueuses

Je n'ai pas la prétention de faire « tout bien comme il faut ». Mais je m'y attache. Au quotidien, je cherche des solutions, à mon échelle. Sans prétention, mais avec la ferme intention d'apporter ma pierre à l'édifice. Même une petite pierre…

Petit exemple tout bête, j'ai installé un composteur sur un bout de terrain. Et j'avoue que je suis heureuse de me dire que les épluchures de mon restaurant ne partent pas à la poubelle, qu'elles serviront à faire un compost qui nourrira à son tour les fruits et légumes que je travaillerai peut-être dans ma cuisine. La boucle est bouclée !

Vous me direz, ce n'est pas grand-chose. Mais c'est à petits pas qu'on avance, non ? Et un pas (bien décidé) après l'autre, je voudrais laisser une trace dans le monde, faire plein d'autres choses ! J'aime ma position de cheffe de cuisine, d'entrepreneure. Entreprendre, créer, faire bouger les choses, voilà qui me définit plutôt bien. Chaque soir je m'endors en me demandant quelle idée lumineuse je pourrai avoir. Pour que les restos participent encore plus au recyclage, par exemple, j'aimerais créer un système qui permette de collecter les déchets végétaux de tous les restaurants de mon village pour les apporter à un composteur. Il me semble que ce système existe déjà dans d'autres villes, mais j'aimerais pouvoir le mettre en place dans mon petit village du Luberon.

Je vous l'ai dit, je manque de temps. Mon cerveau quant à lui ne s'arrête jamais. C'est fatigant, c'est vrai, et je dois veiller à le « poser » régulièrement pour ne pas imploser. Mais c'est enrichissant aussi parce que j'ai toujours plein d'idées. Trop d'idées ! Je cherche en permanence à m'améliorer et à innover au sein de mes établissements.

Il en va de même pour mes relations avec mes collaborateurs. J'organise régulièrement des briefings dans mes deux restaurants, pour motiver mes équipes, pour qu'on discute des problèmes qui se présentent et des solutions qui existent, ou tout simplement pour qu'on échange. Je fais de mon mieux pour être un patron à l'écoute de ses employés et attentif à leur bien-être.

Je suis présente autant dans ma vie personnelle que dans ma vie professionnelle, et suis également transparente sur le chiffre d'affaires mensuel de mes restaurants tout autant que sur les charges qui pèsent lourd sur le budget de fonctionnement. Chez moi, pas de mensonges, pas de tabous, pas de non-dits. Tout est clair !

Je fais mon possible pour que mes collaborateurs prennent plaisir à travailler à mes côtés et je leur offre la possibilité de cuisiner des produits du terroir, les meilleurs qui soient.

On est tous d'accord : sans patrons il n'y a pas de salariés. OK. Mais n'oublions pas que sans salariés, il n'y a pas d'entreprise ! Alors ne serait-il pas plus judicieux, plus juste et plus humain de parler de collaboration, d'un travail d'équipe, d'un échange de savoirs et de savoir-faire ? Pas d'une relation dominant-dominé ! À quel siècle vivons-nous ?

Aujourd'hui le monde de la restauration est en pleine transition. Comme toute transition, cela passe par une période de chaos. Les codes du travail ont changé depuis la pandémie de Covid-19 en 2020 et les confinements. Les données ont évolué, elles aussi.

Ces dernières années, les boulangeries ont pris des parts de marché importantes sur la restauration traditionnelle. Cela s'explique par la baisse du pouvoir d'achat et le peu de temps dédié aux repas. Pour la pause du déjeuner, les gens ont aujourd'hui de moins en moins les moyens et le temps d'aller s'asseoir à la table d'un restaurant « classique ». Un sandwich ou une pizza avalés à la va-vite ont remplacé le plat du jour proposé dans les restaurants.

J'aurais pu faire un laïus sur la restauration rapide et les menus prêts à emporter ou à avaler rapidement sur place… Mais il faudrait pour cela un livre entier. Car nous sommes bien loin des valeurs et de la cuisine proche du terroir que je défends ! Le week-end, le « brunch » étant à la mode, les boulangeries ont joué à fond cette carte. Autant de clients qui ne viendront pas déguster les plats préparés dans nos établissements…

L'inflation galopante dans notre pays depuis quelques mois a encore aggravé les choses… Personne ne peut se permettre d'aller au restaurant quand il est déjà si difficile de remplir le réfrigérateur.

À l'aube de 2035, selon les derniers rapports, 85 % des emplois de la restauration seront remplacés par l'automatisation et les robots. *Exit* la créativité des chefs de cuisine… Ces chiffres font froid dans le dos !

Alors oui, je vous avoue que j'ai peur. J'ai peur que mon métier disparaisse, peur qu'il soit déshumanisé, peur que les gens favorisent la restauration rapide et les robots qui ne vont pas tarder à les servir. J'ai peur qu'on délaisse les plats savoureux et de qualité préparés dans les petits restaurants… J'ai peur que les aspects sombres des coulisses des cuisines fassent définitivement fuir le personnel dont nous avons tous besoin.

Alors, plus que jamais, la gastronomie française doit défendre son savoir-faire ancestral. Nous, cuisiniers, nous devons préserver et soutenir tous les acteurs du « bien manger », de la graine à l'assiette. Bien plus qu'une nécessité, c'est notre devoir. Nous pouvons encore inverser les tendances et redonner à notre gastronomie ses lettres de noblesse… Mais il y a du boulot !

Les quelques passionnés de la restauration qui restent sur le marché du travail veulent trouver l'équilibre entre vie personnelle et vie professionnelle. Comme je les comprends !

Pour la nouvelle génération, plus question des cinquante ou soixante-dix heures par semaine payées trente-cinq heures au Smic. Et elle a tout à fait raison ! « Toute peine mérite salaire », non ?

La cruelle pénurie de main-d'œuvre génère forcément des heures supplémentaires. Payées rubis sur l'ongle et en un nombre raisonnable, elles sont malheureusement incontournables, dans l'état actuel des choses, pour le bon fonctionnement d'un restaurant. Je suis convaincue que bon nombre d'employés accepteraient volontiers de rester quelques heures de plus s'ils évoluaient dans une ambiance de travail détendue et s'ils avaient la garantie que les heures supplémentaires qu'on leur demande seront payées ou récupérées.

La nouvelle génération de chefs cuisiniers tend vers une cuisine plus responsable, plus respectueuse de l'humain et de la planète. Je suis fière d'en faire partie. Je sais par exemple que de grands chefs cuisiniers ont désormais leur propre potager ou exploitation de fruits et légumes. Ils peuvent ainsi travailler des produits de grande qualité et dont ils connaissent la provenance.

Mauro Colagreco, à la tête du Mirazur à Menton, possède un terrain de près d'un hectare, à côté de son restaurant, sur lequel il cultive plusieurs variétés de tomates, des aubergines, des courgettes, des carottes, des herbes aromatiques, etc. « J'aime travailler avec un produit vivant, le cueillir à l'état de maturité que je souhaite, avec des variétés savoureuses, même si elles n'ont pas une grande productivité. Et puis, cela permet de moins polluer. » Les choses évoluent doucement dans notre pays, mais elles évoluent !

Mais puisque nous parlons agriculture et élevage, revenons à nos moutons. Pour instaurer le bien-être dans les cuisines des restaurants, il faudrait développer une nouvelle façon de gérer les brigades. La notion de respect des employés, quel que soit leur statut, doit retrouver sa place. Commençons par là. Respectons les personnes avec lesquelles nous travaillons, patrons comme employés.

La définition de la notion de « respect » est très claire dans le dictionnaire Le Robert : « Sentiment qui porte à accorder à quelqu'un de la considération en raison de la valeur qu'on lui reconnaît. » Considération, valeur, voilà des termes qui devraient changer le regard qu'on porte trop souvent sur plus petit que soi. La maltraitance, les propos sexistes et homophobes doivent être sanctionnés. Il existe des lois, il faut exiger leur application.

Pour limiter la fatigue, que dis-je, l'épuisement de ceux qui travaillent dans la restauration, il est impératif de remanier les grilles horaires et d'embaucher du personnel. Comment faire, me direz-vous, puisque plus personne ne veut venir travailler dans la restauration ? Je sais, ce n'est pas simple. Je n'ai pas de baguette magique pour résoudre ce problème, mais j'insiste encore sur l'urgente nécessité de rompre ce cercle vicieux : les candidats à l'embauche reviendront lorsque les coulisses des cuisines se seront débarrassées de tout ce qui ternit leur réputation. Alors il faut s'y mettre, et vite !

Je ne connais aucun restaurant qui pratique les trente-cinq heures hebdomadaires légales parce qu'en l'état actuel des choses, c'est quasiment impossible. La cruelle pénurie de main-d'œuvre oblige les patrons et les employés à multiplier des heures supplémentaires qui ne seront jamais récupérées. Désormais, elles devraient l'être !

Certes, des solutions existent pour soulager les emplois du temps. Par exemple, deux chefs pourraient se partager la tâche, avec des horaires corrects. Le management de leur brigade n'en serait que plus efficace et détendu. Cela suppose une embauche de personnel, un personnel que la profession ne fait plus rêver… Toujours ce même cercle vicieux dont il sera difficile de sortir. Mais rien n'est impossible !

Autre aménagement, mais qui demande une fois encore un nombre d'employés plus important, les semaines de travail de quatre jours. « Neuf heures de boulot par jour ! » me direz-vous… tout en sachant pertinemment que dans la restauration, nous travaillons habituellement bien plus de neuf heures par jour. Je me trompe ? Il s'agirait de ne travailler que quatre jours par semaine, pas un de plus ! Quatre journées de travail, certes bien remplies, mais qui permettraient de bénéficier ensuite d'un véritable temps de repos. Ce temps de repos pourrait être mis à profit pour pratiquer une activité physique, un loisir ou tout simplement passer du temps avec sa famille ou ses amis. Vous voyez où je veux en venir ?

De grands chefs ont déjà mis ce système en application, comme Dimitri Droisneau, dans son restaurant La Villa Madie à Cassis. Son établissement est ouvert du jeudi au dimanche. Lors d'un reportage pour une chaîne de télévision, il confirme qu'il fait en sorte que ses collaborateurs aient trois jours de repos d'affilée afin qu'ils puissent profiter de leur famille. Il prône également le dialogue avec ses employés, et lorsqu'il doit faire des remontrances à l'un d'entre eux, il le fait en privé, pas devant toute la brigade. Le « coup de gueule » passé, il s'en explique avec son salarié afin que tous deux repartent sur des bases saines. « Je ne veux pas que mes collaborateurs viennent travailler la boule au ventre », a-t-il confié au journaliste.

Je suis convaincue que bien des solutions existent pour redorer l'image de notre profession et permettre à tout un chacun de venir travailler avec plaisir. Mais elles demandent des investissements personnels et financiers, une sérieuse remise en question des patrons, des chefs de cuisine, des employés aussi, et une honnête prise de conscience de toutes les « mauvaises habitudes » de la restauration, de toutes ces choses que le personnel des cuisines accepte alors que ce n'est pas acceptable : les horaires à rallonge, les jours de repos non pris, les heures supplémentaires non payées, la violence, la maltraitance, le sexisme, etc.

Me voilà obligée de revenir sur ces sujets que j'ai déjà largement abordés. Eh oui ! Je martèle certains mots et je les répète encore et encore car si j'ai écrit ce livre, c'est avant tout pour vous aider à surmonter le burn-out que vous êtes en train de vivre ou qui ne va pas tarder à vous submerger.

Je veux vous aider ! Mais pour cela, vous devez regarder la vérité en face. Alors pardonnez-moi si je vous secoue un peu.

31

Résolvons ensemble le burn-out chronique

Ne croyez pas que je me sois éparpillée et éloignée de ce sujet qui m'est cher, le burn-out en cuisine. Tous les sujets que j'ai développés, qu'il s'agisse des coulisses de la restauration, de votre état mental ou des problèmes que rencontre la gastronomie dans notre pays, ont une incidence plus ou moins marquée sur le burn-out que vous vivez peut-être ou qui ne va pas tarder à vous tomber dessus. Les heures sombres que vous êtes en train de traverser sont le résultat de la convergence de tous ces points. Ils sont étroitement liés, éléments d'une équation facile à poser mais pas simple à résoudre !

Vie personnelle et/ou passé difficiles + vie professionnelle douloureuse et/ou compliquée + fatigue/épuisement = burn-out !

Difficile de passer au travers !

À ce stade, vous seriez en droit de me dire : « OK, Sonia, vous nous avez parlé en long, en large et en travers de tout ce qui pouvait nous mener au burn-out. Vous nous avez même donné des pistes pour nous en sortir. Mais ne serait-il pas plus judicieux de nous dire comment faire justement pour ne pas sombrer ? Et si c'est trop tard, comment éviter que le burn-out nous submerge à nouveau dès qu'on baisse la garde ? » Rassurez-vous, c'est précisément ce que je vais faire, selon le vieil adage : « Il vaut mieux prévenir que guérir. »

Mais laissez-moi d'abord vous poser quelques questions… Car si vous commencez à me connaître un peu, moi, je ne sais pas grand-chose sur vous !

Pourquoi avez-vous choisi de travailler dans la restauration ? Est-ce par passion ? Par nécessité ? Parce que vos parents tenaient un restaurant ? La réponse que vous allez donner vous permettra déjà d'évaluer et de comprendre votre degré d'implication dans votre travail. Si c'est la passion de la cuisine qui vous a mené devant les fourneaux, il y a de fortes chances que votre investissement soit tel qu'il fasse de vous le candidat idéal au burn-out…

Et selon le restaurant dans lequel vous évoluez, il vous sera plus ou moins difficile d'y échapper. Si l'ambiance dans les cuisines est détendue et que votre patron ou vos collaborateurs ne vous mènent pas la vie dure, il vous faudra peut-être remettre en question votre vie personnelle et vous pencher sur votre passé. Vous ne pourrez pas incriminer un environnement professionnel toxique. Ou du moins, pas exclusivement.

Si vous sentez que vous glissez vers un mal-être sans vraiment arriver à le définir, interrogez-vous !

Quelles sont vos attentes ? Quel est votre regard sur la vie et le monde qui vous entoure ? Êtes-vous aligné avec vos valeurs ?

Même si votre travail vous apporte entière satisfaction, êtes-vous heureux et épanoui lorsque vous rentrez chez vous ?

Quelles sont vos relations avec votre entourage ?

Peut-être êtes-vous trop exigeant avec vous-même ?

Peut-être encore avez-vous besoin de reconnaissance, ou quelque chose à prouver ? À qui ?

Vous imaginez bien que je suis incapable de répondre à ces questions, puisqu'elles concernent votre vie personnelle. Mais je vous encourage à vous les poser sérieusement.

Elles vont vous permettre une introspection nécessaire à la prise de conscience qui vous aidera à éviter le pire ou à y remédier. Vous y verrez plus clair ! Et si vous arrivez à trouver des réponses, vous êtes sur la bonne voie !

Loin de moi l'idée de vous juger, je suis passée par là ! Je me suis posé et je me pose des milliers de questions encore aujourd'hui.

Ma remise en question personnelle est permanente. C'est, je pense, la meilleure façon pour moi d'avancer, de m'améliorer.

Si votre travail dans la restauration est votre principale source de stress, si vous êtes victime de tous ces aspects sombres dont je vous ai parlé, la solution est là, devant vous. Avant de vous effondrer et d'avoir atteint un point de non-retour, dites « non ! » ou « stop ! ».

Ça paraît simple et facile à faire. Mais je sais, pour l'avoir vécu, que ces deux petits mots ont parfois bien du mal à sortir. D'autant plus si cela fait des années que vous subissez sans vous rebeller. D'autant plus si vous êtes fatigué au point que vous exprimer devient compliqué. Je le comprends. Cependant, vous n'avez plus le choix. Vous devez apprendre à dire « non ».

Mais dites « non » en expliquant votre refus. Ce n'est pas se justifier qu'expliquer à l'autre son refus. C'est l'incorporer de façon intelligente dans une conscientisation de nos limites, dans le but de trouver une solution.

Souvent le manque de communication crée des malentendus. Alors faites-vous entendre ! Clairement. Fermement. Vous seul êtes maître de ce que vous acceptez d'endurer et de votre façon d'y répondre.

Et dans le pire des cas, si votre voix ne porte pas assez loin, si vous n'êtes pas entendu, alors démissionnez ! Le temps perdu ne se rattrape jamais. Cessez de vous accrocher à un boulot qui vous fait souffrir et ne vous apporte rien. Allez voir ailleurs, l'herbe y sera peut-être plus verte ! Vous n'aurez sans nul doute aucun mal à retrouver du travail dans une cuisine plus accueillante. La profession recrute ! Ce sera à vous, cette fois, de poser vos limites dès votre embauche. Il y a toujours une leçon à tirer de ses erreurs ou échecs passés.

Enfin, si c'est la passion pour la cuisine qui vous domine, c'est bien souvent à vous que vous devez dire « non ! ». Si vous voulez éviter de vous effondrer, vous n'avez pas le choix.

Je sais, pour l'avoir vécu, qu'il est extrêmement difficile de se raisonner, de se freiner dans son amour pour le travail bien fait. Pour moi qui suis une insatisfaite chronique, les choses ne sont jamais assez bien, ne vont jamais assez vite. Il faut se surpasser et faire toujours mieux. Alors il a fallu que j'apprenne à faire taire cette autre petite voix en moi, qui me disait à chaque instant d'en faire plus. Croyez-moi, ce n'est pas simple quand vous devez vous battre contre vous-même. Pas facile, mais vous commencez à connaître mon discours, certainement pas impossible !

Il a fallu que, petit à petit, je remplace le « faire toujours mieux » par « faire de son mieux ». Le quatrième accord toltèque…

Pendant des années j'ai eu des patrons qui m'ont demandé de faire de l'extraordinaire, pour épater la galerie, avec peu de moyens. Et je l'ai fait. J'ai relevé tous les challenges, même les plus difficiles.

J'ai assuré toutes les missions qu'on m'a confiées. J'ai essayé d'approcher autant que possible la perfection qu'on attendait de moi. Quitte à m'oublier et me perdre dans mon travail. Je vous assure que j'ai vraiment été un brave petit soldat !

Maintenant que je suis mon propre patron, j'ai appris à respecter mes limites. Je fais ce que je sais faire, avec toute mon expertise, mon amour pour la cuisine et les bons produits que je travaille. Je n'essaie plus d'aller vers des chemins que je ne maîtrise pas, qui sont forcément sources de stress et de fatigue. J'ai repris le pouvoir sur ma vie. Voilà un challenge que je suis fière d'avoir réussi !

« Nous sommes souvent nos propres bourreaux. » Je suis plutôt d'accord avec cette phrase choc. Il n'y a pas de bourreaux, il n'existe que des victimes ! Cessez d'être victime, vous ferez disparaître le bourreau. Alors arrêtez de vous infliger un surplus de travail par excès d'*ego* ou par faille narcissique.

Aujourd'hui, j'accepte enfin que mes plats ne soient pas parfaits, que leur présentation ne soit pas irréprochable. Là encore, je suis dans le lâcher-prise. Si mon plat n'est pas parfait aujourd'hui, il le sera peut-être demain. Mais au moment où je l'ai préparé, je ne pouvais pas faire mieux. Alors je ne me mets pas martel en tête pour ça, je ne ressasse pas les « j'aurais pu, j'aurais dû ».

Il est important, je crois, d'apprendre à se pardonner. Se pardonner de se tromper, de ne pas faire tout ce qu'on voudrait faire, de ne pas réussir tout ce qu'on voudrait tellement réussir. Lorsqu'on fait de son mieux, on mérite de se pardonner et d'être indulgent envers soi-même !

Devant un client mécontent parce qu'il estime que la cuisson de sa viande est ratée ou parce qu'il n'y a plus de table pour lui, je prends du recul. S'il veut me mettre une mauvaise note, eh bien qu'il la mette ! Ça ne me rend plus malade.

Désormais, je ne focalise plus uniquement sur le plat, je lève la tête des assiettes que j'envoie pour aller vers le client. Je vais vers l'autre. La cuisine est un tout, plats qu'on prépare et clients avec lesquels on échange. Je propose une de mes créations et je me renseigne sur le ressenti du client qui l'a dégustée. Je sors de ma cuisine et je vais échanger avec la personne pour laquelle j'ai pris plaisir à cuisiner, en espérant qu'elle a elle aussi éprouvé du plaisir à se nourrir de mon plat. Je ne mise plus tout sur l'assiette que j'envoie et je m'enrichis au contact des clients qui me parlent de leur façon de cuisiner telle ou telle recette, quand ils « reçoivent du monde » par exemple.

Cuisiner, c'est partager, offrir un petit bout de son savoir-faire et recevoir en retour un avis, un sourire, et pourquoi pas un remerciement. Et les clients aiment bien mettre un visage sur ce qu'ils ont mangé. Alors je sors de ma cuisine. Je vais même beaucoup plus loin que ma cuisine !

Avant, quand j'allais acheter mes légumes sur le marché, je prenais ma caisse de légumes, je disais un rapide « bonjour et au revoir ». Je ne parlais que pour dire le strict nécessaire. Je rentrais ensuite au resto et, sans parler à personne, je me mettais au boulot. La tête dans le guidon.

Le boulot, rien que le boulot, avec un minimum d'interactions sociales. Pas de sentiment. Je faisais ma mise en place, je coupais des légumes, puis de la viande, puis encore des légumes, et encore de la viande… J'étais accro, enfermée dans ma routine de travail.

Aujourd'hui tout a changé. J'ai levé le nez de ma planche à découper. Quand je vais au marché, je prends cinq minutes pour bavarder avec les commerçants. Et leur retour est positif puisqu'ils se disent ravis de me voir enfin !

J'aime toujours autant la vie, mais je ne la brûle plus par les deux bouts et ma cuisine est une façon de la célébrer. J'apprends à trouver mon équilibre autrement. À savourer l'instant. Ça passe par une vie plus stable, plus saine, apaisante, dans un cadre qui me permet de me ressourcer. Il faut dire que j'ai la chance de vivre dans le Luberon, en Provence, entourée de cèdres et de cigales !

Alors faites ce que vous savez faire de mieux, faites-le savoir, portez-le en en parlant autour de vous, partagez vos créations, et le reste suivra… Ne cherchez pas à atteindre la perfection. Ne vous épuisez pas pour obtenir une reconnaissance qui ne viendra peut-être jamais. Faites-vous plaisir en cuisinant les recettes que vous maîtrisez, faites plaisir aux clients qui vont les déguster.

Vous l'avez compris, quelles que soient les raisons qui pourraient vous conduire au burn-out, qu'elles soient personnelles ou professionnelles, c'est souvent un mélange des deux, vous êtes la clé, le détenteur de la solution.

Il vous appartient de reprendre le pouvoir sur votre vie.

32

Reprenez le pouvoir !

Soyez à l'écoute de votre corps et de votre tête, attentif au moindre signal qu'ils pourraient vous envoyer. Vous n'arrivez plus à vous lever le matin, il vous est difficile de vous concentrer, le simple fait de vous exprimer devient pénible… N'attendez pas d'arriver au stade de l'épuisement. Réagissez !

Aux premiers signes d'une fatigue trop pesante, levez le pied. Exigez de prendre les congés qui vous sont dus, reposez-vous, dormez. Que vous soyez jeune ou que vous commenciez à avoir de la bouteille, c'est mon cas, votre corps a besoin de repos, d'autant plus lorsque vous le sollicitez à outrance.

Lorsque j'avais 30 ans, je pouvais assurer deux cents couverts par jour et, entre mes coupures, j'allais jouer au squash. Je débordais d'énergie ! J'ai aujourd'hui 45 ans, une maladie auto-immune et deux restaurants à gérer. Alors il est vrai que je me fatigue plus vite qu'avant. Mais l'âge n'a rien à voir lorsque votre corps vous alerte. On peut être épuisé à 25 ans, et le résultat est tout aussi désastreux.

Chez moi, la grosse fatigue se manifeste par un mal au ventre et la sensation d'un esprit brumeux. J'ai du mal à réfléchir et des difficultés à me concentrer. Inutile d'essayer de lire un livre, je reste des heures sur la même page, à relire les mêmes phrases sans les comprendre… Je deviens irritable. Je perds le sommeil, l'appétit, et même mon humour. C'est le grand retour des hormones du stress qui viennent mettre le bazar dans ma vie.

Mais si je n'écoutais pas ces signaux autrefois, aujourd'hui, j'y suis attentive. D'autant plus que la maladie auto-immune dont je souffre, la maladie de Hashimoto, entraîne chez moi un dérèglement de la thyroïde et la fatigue qui va avec. Me voilà bien obligée de tendre l'oreille dès que je sens que quelque chose ne tourne pas rond chez moi.

J'ai dû apprendre à décrypter le langage de mon corps. Après quatre burn-out, il était temps, non ?

Alors dès que je perçois un signal d'alerte, je lève le pied. Je me dis « stop ! ». Je dors chaque fois que j'en ressens le besoin. Moi qui suis issue de la génération X, où ne rien faire s'apparentait à de la fainéantise, je n'hésite pas à faire la sieste, lors de mes coupures. Et sans culpabilité ! Chez moi, le sommeil est réparateur de tous les maux. Alors je dors, quitte à écourter une soirée entre amis pour gagner en sommeil, j'offre à mon corps et à mon esprit le repos dont ils ont besoin.

Moi d'abord, les autres ensuite. Ne voyez là aucun égocentrisme. Je suis à mon écoute, c'est vrai, mais pour mieux interagir ensuite avec mon entourage, mes collaborateurs et mes clients. Je remets les priorités dans le bon ordre.

Et je délègue !

Il est vrai qu'à l'époque où j'ai fait mes burn-out, je n'avais personne dans ma vie et j'étais bien trop fière pour avouer que je perdais pied. Aujourd'hui c'est différent car je ne suis plus seule. Ma compagne m'épaule et me soutient. Elle me soulage entre autres dans toutes les tâches administratives du restaurant, et il y en a !

Alors si vous êtes en couple, entrepreneur ou salarié, et si votre partenaire est disponible, faites-vous aider pour alléger votre charge mentale et physique. Déléguez à vos collaborateurs quand c'est possible. Vous pourrez ainsi disposer de plus de temps et d'énergie pour les tâches que vous seul pouvez accomplir.

Demander de l'aide et déléguer n'est pas une preuve de faiblesse. C'est une preuve de maturité, parfois même de courage.

Reconnaître que d'autres peuvent assurer aussi bien que vous, voire mieux (aïe !) une tâche ou une mission, n'est pas chose facile... Mais si vous voulez sortir de la spirale infernale qui vous mène au burn-out ou éviter de vous y engouffrer, vous devrez en passer par là.

Vous êtes, je n'en doute pas, costaud et plein de ressources, mais Superman et Wonderwoman sont des personnages de fiction qui n'existent pas. Alors remballez votre cape et vos collants et demandez de l'aide ! Si vous avez réussi à vous entourer de personnes bienveillantes et positives, vous n'aurez aucun mal à trouver l'épaule sur laquelle vous appuyer.

Si vous êtes employé en cuisine, dès que la situation semble déraper, dès que vous vous sentez victime de violences physiques ou verbales, réagissez ! Parlez-en autour de vous, mettez des mots sur vos maux. N'ayez pas honte, peur, ou que sais-je encore. Libérez votre parole. Consultez votre médecin, parlez-en à votre famille, à vos amis. Demandez-leur leur avis, entourez-vous de personnes capables de vous apporter leur aide.

Refusez de subir sans rien dire. Surtout, ne vous enfermez pas dans votre mal-être, partagez vos émotions, votre ressenti, vos doutes et vos peines. Vous aurez certainement tendance à vous replier sur vous-même, à rentrer dans votre coquille, là où vous vous sentez sûrement en sécurité. Grave erreur ! Tout ce qui ne s'exprime pas s'imprime !

Organisez votre vie en dehors du travail, afin qu'elle vous apporte joie et réconfort. Non, votre boulot ne doit pas prendre toute la place dans votre vie. Si c'est le cas, vous avez certainement loupé quelque chose. On reparle d'addiction ?

Prenez du temps pour vous, à travers une activité sportive, relaxante ou ludique, qu'importe. Si vous êtes d'un tempérament plutôt angoissé, facilement stressé, privilégiez peut-être une activité qui vous aidera à libérer vos tensions. Et si vous avez tendance à vous emporter, le bon vieux sac de frappe est excellent.

Ménagez-vous des plages de bien-être ; une séance de spa, une longue balade en forêt, une soirée au théâtre avec des amis. Faites-vous plaisir !

Reconnectez-vous à tous ces petits bonheurs quotidiens qui permettent de retrouver la sérénité, ne serait-ce que pour quelques minutes ou quelques heures.

Reposez-vous physiquement mais mentalement aussi. Pour ma part, j'ai appris à « poser mon cerveau ». Vraiment, le poser !

Vous imaginez bien qu'avec deux restaurants à gérer et tous les problèmes administratifs, économiques, sociaux, juridiques, voire humains que cela implique, la Cocotte-Minute que j'ai sous le crâne menace régulièrement d'exploser. Alors, je débranche mon cerveau ! Je pose mon téléphone, je n'allume pas mon ordinateur, je ne lis pas mes messages ni mes mails. Et encore une fois, sans culpabiliser le moins du monde ! Je fais ce que j'ai envie de faire à l'instant T, je réponds aux demandes de ma tête et mon corps, tout simplement. Je suis à l'écoute de ce qui me semble le mieux pour moi à un moment donné.

Certains vous conseilleront le yoga ou la méditation, la gestion de la respiration… C'est certainement très efficace et très chouette mais ce n'est pas du tout mon truc. Plutôt conventionnelle mais très efficace, une bonne séance de sport me permet souvent à la fois de me défouler et de m'oxygéner. Plus jeune, j'ai fait du cardioboxing, jusqu'à ce que la ménopause vienne frapper à ma porte. Aujourd'hui, pour ménager mes articulations plus fragiles, la natation et le vélo ont remplacé l'effort cardio. C'est pas mal pour bouger son corps et se vider la tête.

J'aime bien aussi m'évader en regardant un film de science-fiction, qui m'emmène loin de la réalité et de mon quotidien. Deux heures pendant lesquelles je décroche !

Mais je vais vous avouer le truc qui fonctionne le mieux pour moi : je me déconnecte en jouant à ma console. Eh oui, je suis geek ! Et une geek qui s'assume. Je vous assure que remplir des missions criminelles dans les jeux vidéo est un véritable exutoire. Je vous choque ? Bien sûr que non, vous faites peut-être pareil sur votre PC ou votre téléphone portable…

J'assume pleinement le fait que moi, Sonia, à 45 ans, je peux passer plusieurs heures à jouer à des jeux vidéo. Et alors ? Franchise oblige, pas de tabous entre nous ! Cela ne fait pas de moi une mauvaise personne, une piètre épouse ou une mauvaise cuisinière. Cela fait de moi une personne qui prend du temps pour elle et qui se ménage des plages de détente pour être au top de sa forme lorsqu'elle est en cuisine ou avec son entourage. Tout simplement !

Alors décompressez avec ce qui vous met en joie. Vous aimez le coloriage et vous avez honte de prendre l'album à colorier de votre enfant de 5 ans ? Mais pourquoi ? Quelle loi vous l'interdit ? Qui a dit que c'était stupide ? Bleu pour les garçons et rose pour les filles ? Trop âgé, trop jeune ? Il faut arrêter, avec toutes ces conneries ! Qui a créé ces clichés pourris ? Au nom de quoi doit-on s'empêcher de vivre ce qui nous fait plaisir ? Tant que cela n'impacte pas les autres de manière négative, faites ce qui vous plaît ! Coloriez, sautez dans des structures gonflables, dansez, chantez ! Amusez-vous, les amis, gardez et entretenez votre enfant intérieur, cela vous aidera grandement à éviter de sombrer dans le burn-out. Posez votre cerveau, posez votre téléphone, et avec eux, posez tout ce qui a pu faire que votre journée a été pourrie. Posez-vous ! Passez à autre chose !

Allez marcher dans la nature : plages, campagne, forêts, le monde regorge de décors magnifiques ! Imprégnez-vous de ce qu'elle vous offre, de toutes les sensations qu'elle éveille en vous. Regardez… écoutez… respirez… Plongez-vous dans la lecture d'un bon livre. André Maurois a écrit un jour : « Un soir consacré à la lecture des grands livres est pour l'esprit ce qu'un séjour en montagne est pour l'âme. » Une autre façon de se ressourcer… Et lire vous fera voyager sans que cela vous coûte un sou. Évadez-vous de votre routine quotidienne !

Casque sur les oreilles ou musique à fond dans le salon, chantez et dansez sur votre groupe de musique préféré ou sur le tube de l'été. Libérez le stress que vous avez accumulé. Défoulez-vous ! Déconnectez-vous d'un quotidien lourd et trépidant.

Entre nous, je vous conseille fortement les sketches de Florence Foresti : ils me permettent d'éviter la surcharge mentale en me ressourçant avec de l'humour et des rires. Tout autre humoriste ou source de rire seront les bienvenus. Quelle qu'en soit l'origine, le rire est une excellente thérapie. À consommer à toute heure de la journée et sans modération.

Enfin, ultime rappel, éloignez-vous des personnes toxiques ! Entourez-vous plutôt de personnes qui partagent les mêmes valeurs que vous et vous aident à progresser dans votre chemin de vie.

Faites-vous aider ! Vous hésitez encore à demander de l'aide, vous n'osez pas ?

Alors identifiez ce qui vous retient.

Pourquoi continuez-vous à vous taire ? Avez-vous peur de passer pour un looser ? De décevoir ? D'entrer en conflit avec vos supérieurs ? Avec votre entourage ? Avez-vous peur de regarder certaines vérités en face ?

Aucune raison ne tient la route. Demandez de l'aide ! Je vous l'ai dit : seul, vous n'y arriverez pas...

Trouvez votre spécialiste de la santé, celui qui vous convient, avec qui vous avez un bon feeling. Que ce soit un psychologue, un psychanalyste, un coach de vie, un hypnotiseur, un acupuncteur, que sais-je, trouvez celui auprès duquel vous vous sentez compris et entendu.

Vous êtes unique, il n'y a que vous qui puissiez savoir à quoi ou à qui vous êtes le plus réceptif.

Vous ne savez pas ? Alors essayez, changez, essayez encore, si besoin changez à nouveau, vous finirez par trouver. Mais faites-vous aider. Si vous êtes en train de subir un burn-out, s'il pointe le bout de son nez ou si vous craignez qu'il se reproduise, réagissez !

33

R comme « Reconnaissance » et gratitude

Je ne sais pas si vous trouverez dans mon livre ce dont vous avez besoin pour éviter de faire un burn-out ou, si j'arrive trop tard, pour empêcher qu'il se reproduise. Mais si vous avez lu avec attention mon témoignage et les pistes que j'ai évoquées pour vous aider à vous en sortir, vous avez des clés. À vous de vous en servir !

Je voudrais vous faire une dernière confidence…

Si j'en suis arrivée là où je suis aujourd'hui, après toutes les épreuves que j'ai surmontées, c'est avant tout parce que je suis une battante. Ma combativité m'a empêchée de me laisser aller et de baisser les bras. Je n'ai jamais renoncé, ni à ma passion, ni à mes rêves. Même aux pires moments de ma vie, il y a toujours eu au fond de moi cette petite voix qui me murmurait que j'allais m'en sortir, quelles que soient les difficultés que j'ai traversées.

Tout ce que j'ai vécu de douloureux, voire de traumatisant, a forgé la Sonia que je suis aujourd'hui. Voilà pourquoi j'éprouve de la gratitude envers des personnes qui, au premier abord, ne m'ont absolument pas aidée, bien au contraire !

Oui, oui, je parle bien de gratitude.

De Reconnaissance avec un grand R !

Un troisième à retenir.

Je vous devine surpris mais vous allez comprendre. Je voudrais tout d'abord remercier mes anciens patrons qui m'ont dénigrée et n'ont pas cru en moi. Si, si, j'insiste !

Petite anecdote : je me souviens d'une grande brasserie à Annecy, dans laquelle j'ai travaillé en tant que second de cuisine. Nous faisions deux cents couverts chaque jour. L'équipe en cuisine ne comptait que trois personnes, ce qui est déjà peu pour assurer un tel service. Puis, nous n'avons plus été que deux car le chef de cuisine s'est mis en arrêt maladie, pour une longue période. Il a bien fallu pallier son absence…

Et c'est moi, la petite trentaine à l'époque, du haut de mon 1,57 mètre, qui ai dû relever le défi ! J'ai remplacé le chef de cuisine avec succès, en maintenant le bateau à flot. Au péril de ma santé bien entendu, puisque je travaillais de 8 heures à minuit, avec juste une coupure d'une heure et demie l'après-midi. L'équivalent de 16 heures de boulot pratiquement d'affilée... Je me demande aujourd'hui comment j'ai fait pour tenir le coup !

C'est d'ailleurs probablement à cette époque que j'ai basculé lentement mais sûrement dans un stress qui est devenu chronique. Mais au moins, je pouvais être fière de moi, j'ai assuré !

Après des mois de remplacement, j'ai appris que le chef ne reviendrait pas. Il a donc fallu lui trouver un successeur, de manière définitive. Dans un premier temps, je dirais aujourd'hui faute de mieux, on m'a proposé le poste. Mais finalement les patrons ont préféré engager un homme, avançant qu'il leur semblait plus expérimenté que moi. Si ce n'est pas du sexisme...

A-t-on fait preuve de reconnaissance envers moi ? Absolument pas !

Et pourtant, pas une fois je n'ai failli dans ma mission. J'ai juste eu droit à : « Sonia, vous faites des choses pas mal, mais vous n'avez pas assez de palais ! » Et vlan ! Prends-toi une claque ! Belle récompense pour mon investissement sans limite !

Aujourd'hui, je voudrais leur exprimer toute ma gratitude, à ces patrons si peu reconnaissants de mon travail. Merci, vraiment !

Chers patrons, vous m'avez donné la rage (elle aussi avec un grand R) de vous prouver que je valais beaucoup mieux que ce que vous pensiez. Aujourd'hui, les gens se régalent dans mon restaurant (qui figure dans le Gault et Millau, tout de même !) et il en a été ainsi pendant des années dans les autres restaurants où j'ai exercé.

Ne vous déplaise, j'ai réussi là où vous avez échoué…

Si d'aventure vous lisez mon livre, vous vous reconnaîtrez sûrement…

Gratitude également envers cet autre patron, toujours à Annecy, qui refusa d'augmenter mon salaire après que je lui eus rempli son restaurant et que j'eus contribué à la grande notoriété qu'il connaît à présent. En revanche, mon second de cuisine, qui prit ma place lors de mon départ, se vit attribuer un salaire plus important que le mien. C'était un homme…

Alors gratitude pour ce patron si peu reconnaissant qui aimait les femmes soumises : il vint nourrir mon désir ardent d'ouvrir un jour mon propre restaurant, et c'est chose faite ! Par deux fois, en prime !

Et la liste des remerciements n'est pas terminée.

Gratitude pour toutes les personnes qui m'ont mis des bâtons dans les roues, volontairement ou pas : vous avez contribué à ce que je me surpasse, vous avez nourri le feu sacré qui m'anime encore aujourd'hui. Vous avez renforcé ma combativité et mon désir d'aller jusqu'au bout de mes rêves.

Merci à vous tous, vraiment !

Gratitude envers mon père qui, quand je rapportais un vingt sur vingt à la maison, lorsque j'étais petite, me disait « la prochaine fois tu auras un vingt et un sur vingt ! »

Papa, tu ne m'as jamais dit que c'était bien ou que tu étais fier de moi. C'est vrai, j'en ai souffert. Mais tu m'as appris à obtenir le meilleur de moi-même. Tu as toujours été dur, souvent violent, souvent absent, souvent fuyant. La seule fois où tu m'as dit « je t'aime », c'était peu de temps avant ta mort. Mais tu étais de cette génération à qui on n'a pas dit « je t'aime ». De cette génération qui n'avait qu'une orange en cadeau à Noël... Tu ne mangeais pas toujours à ta faim quand tu étais petit car grand-père avait dépensé l'argent du ménage au bistrot. Et il se défoulait sur toi quand il rentrait...

Alors merci pour cette éducation à la dure que tu m'as donnée. Elle m'a permis d'être la personne résiliente et entreprenante que je suis aujourd'hui.

Si ma part de yang est plus forte que ma part de yin, c'est que j'ai été mon propre père. J'ai joué ton rôle, je n'avais pas le choix. Je me suis coachée toute seule comme une grande pour en arriver là où je suis.

Mais tu m'as montré la voie pour être autonome, pour résoudre seule mes problèmes, pour faire appel à la raison plutôt qu'aux émotions dans la vie.

Tu m'as transmis le goût des choses bien faites.

Tu aimais le meilleur et tu détestais le médiocre.

En cela, tu as contribué à mon entêtement à réussir.

Et de fait, je n'ai jamais rien lâché.

Gratitude aussi envers ma mère. Elle m'a montré que pour avoir ce qu'on voulait dans la vie, il faut être tenace, ne jamais abandonner.

Et je n'oublie pas qu'avec ma grand-mère, elle a sans aucun doute fait naître en moi la passion pour la cuisine.

Gratitude pour tous mes échecs. Ils m'ont permis d'apprendre et d'évoluer. Les erreurs du passé ne seront pas les erreurs futures. Bien sûr, il y en aura d'autres, mais elles me permettront d'avancer.

Je suis Sonia Bovi, rien ne peut m'arrêter !

Gratitude envers tous les clients qui sont venus me dire que ma cuisine leur plaisait, qu'ils avaient passé un bon moment dans mon restaurant. Ils m'ont redonné confiance en moi et en mes capacités de cheffe de cuisine.

Enfin et parce qu'il ne faut surtout pas les oublier, je suis extrêmement reconnaissante envers tous les producteurs, agriculteurs, éleveurs, maraîchers et exploitants qui donnent le meilleur d'eux-mêmes pour nourrir l'humanité. Gratitude ! Leur métier est tellement difficile, si peu considéré, alors que sans eux, les hommes mourraient de faim…

De la graine à l'assiette, la main de l'homme est présente…

Cette reconnaissance me permet de me sentir à ma place là où je suis.

Ça n'a pas toujours été le cas.

Il m'a fallu des années et quatre burn-out pour arriver enfin à donner un sens à ma vie.

J'ai écrit ce livre pour vous aider à vous en sortir si vous êtes en train de vivre ce que moi, j'ai vécu bien trop souvent.

Je vous ai confié que seules une ouverture de conscience et une quête de spiritualité m'avaient permis non seulement de m'en sortir, mais encore d'avancer, pour trouver un nouvel équilibre.

Cet équilibre est fragile, je le sais. Et je me connais, je connais mes démons. Et puis, pour être tout à fait franche, j'ai encore du pain sur la planche pour peaufiner ma confiance en moi !

C'est vrai, je vous ai dit que la Sonia cheffe de cuisine avait aujourd'hui assez de confiance en elle pour s'affirmer dans son restaurant et dire « non » lorsque c'est nécessaire. Lorsqu'il s'agit de faire tourner une entreprise, le « non » est bien plus facile à justifier et se prononce sans culpabilité.

Mais la Sonia sans sa toque n'en est pas encore arrivée à ce stade. Peut-être en raison des blessures du passé, de son hypersensibilité qu'elle n'assume pas encore ou parce qu'elle est introvertie, cette Sonia-là a bien du mal à dire non. D'autant plus lorsque le « non » s'adresse à un proche, quelqu'un de sa famille. Dès que l'émotionnel entre en jeu, c'est beaucoup plus compliqué.

Et il y a tellement de « non » différents ! Le « non » qu'on dit ou qu'on devrait dire sans hésiter aux personnes toxiques ; le « non » qui fait de la peine, qu'on prononce avec difficulté, parce qu'on voudrait bien dire « oui » mais qu'on ne peut pas faire autrement ; et il y a ce « non » un peu complexe, que l'on dit parce que répondre « oui » ne rendrait pas service à la personne qui vous le demande.

Pas facile de dire « non », hein ?

Vous voyez, j'ai encore du boulot pour être au top avec moi-même ! Il me reste tant de choses à apprendre…

Aujourd'hui, j'ai enfin mon resto, j'ai réalisé mon rêve, alors je dois me calmer et profiter de ce bonheur que j'ai construit. Et que je peaufine un peu tous les jours.

Les burn-out m'ont alertée, ils m'ont fait comprendre que j'étais allée beaucoup trop loin. Gratitude une fois encore.

Alors j'écoute la petite voix qui me dit : « Sois heureuse de ce que tu as, savoure tes petites victoires du quotidien. Tu as ton petit resto, tu as réussi. Tu fais le métier que tu aimes. Calme-toi. Vois le chemin que tu as parcouru. »

Elle me plaît bien, cette petite voix…

Alors au quotidien, je continue à regarder vers le haut, je me nourris de petits bonheurs simples et je veille à rester en adéquation avec les valeurs que je défends. Je ne baisse pas la garde !

34

Rallumer la flamme !

Et vous, où en êtes-vous après la lecture de mon livre ? Je n'ai pas la prétention de soigner tous vos maux, loin de là. J'espère seulement avoir réussi à allumer cette petite flamme qui va grandir en vous et vous permettre de prendre conscience de ce que vous vivez. Il vous appartient, et à vous seul, de prendre les décisions qui vous aideront à avancer avec sérénité dans votre vie.

La « méthode des 3 R » que je vous propose est fondée sur trois étapes cruciales :

– repérer ses limites par rapport au burn-out ;

– réparer et atteindre un sentiment proche de la résilience ;

– retrouver une sérénité d'esprit et être dans la reconnaissance, la gratitude.

Ma méthode se veut proactive. Vous êtes le seul acteur de votre réussite, même si je vous ai conseillé à maintes reprises de vous entourer de personnes positives et de professionnels compétents. Sans votre désir de vous en sortir, elles ne vous seront d'aucun secours.

Je vous en rappelle les grandes lignes :

– faites le point sur ce qui vous a amené à sombrer dans un burn-out ou qui va vous faire trébucher un jour ou l'autre ;

– établissez des limites dans votre vie professionnelle, voire dans votre vie personnelle si vous le jugez nécessaire. Apprenez à dire « non » ;

– faites-vous entendre ! Communiquez vos besoins, vos désirs, vos envies ;

– demandez de l'aide à des professionnels compétents et à votre écoute ;

– écoutez votre corps et votre esprit, soyez attentif au moindre signal d'alerte ;

– cultivez les relations positives et enrichissantes ;

– faites des pauses régulières, reposez-vous, déconnectez-vous. Posez votre cerveau ;

– organisez votre planning afin de ménager les temps de repos ou de loisirs dont vous avez besoin/envie ;

– reprenez confiance en vous.

La lecture de mon livre vous a fait prendre conscience, je l'espère, de ce qui devait changer dans votre vie.

Si vous avez appliqué la méthode que je vous ai proposée, vous avez toutes les chances, non seulement de vous en sortir, mais encore de ne plus faire de burn-out, peut-être même d'être beaucoup plus heureux et en paix avec vous-même !

Mais si vous sombrez à nouveau, vous n'avez peut-être pas correctement exploité cette méthode des « 3 R ». Ou encore, vous vous mentez à vous-même, aux autres, à la terre entière…

Dans ce cas, rien ne changera jamais ! Je ne vous le souhaite pas, bien sûr. Mais vous le savez aussi bien que moi, il faut réfléchir aux causes d'un mal pour extraire son venin…

Et aller de l'avant !

Conclusion

Issue de la génération X, j'ai été élevée dans l'idée qu'il fallait travailler dur, très dur, voire jusqu'à l'épuisement, pour mériter son salaire. Et c'est ce que j'ai fait, pendant de longues années, au détriment de ma santé, de mon bien-être et de ma vie personnelle.

Aujourd'hui je m'identifie bien plus à la génération Z, cette génération qui veut arriver à concilier boulot et vie privée. Elle est dans le vrai !

Il faut reprendre le pouvoir sur son temps et sur ce que l'on accepte de subir… ou pas !

Aucune profession, aussi passionnante soit-elle, ne doit exiger que l'on y consacre toute sa vie.

Aucune profession, aussi passionnante soit-elle, ne doit être exercée dans la peur et la douleur.

Il y a tant de belles choses à voir, à vivre, à partager et à ressentir sur notre magnifique Terre nourricière. Retrouvons notre âme d'enfant pour nous émerveiller devant des petits bonheurs simples et soyons reconnaissants de toutes les merveilles que la vie nous offre.

Nous avons le droit d'être juste des humains sur une planète qui nous donne tout ce dont nous avons besoin mais que nous devons respecter.

Nous avons le droit de nous tromper, de nous effondrer. Nous ne sommes pas des machines.

Mais toujours, nous devons nous relever !

J'ai dû parcourir un long chemin et surmonter bien des souffrances pour en arriver à la personne que je suis aujourd'hui et qui ose écrire ce livre.

C'est une main que je vous tends, prenez-la !

Elle est franche et bienveillante, prête à vous aider à sortir du burn-out ou à vous empêcher de tomber.

Je suis Sonia Bovi, cheffe de cuisine, gérante de deux restaurants à ce jour. J'ai fait quatre burn-out, quatre fois je me suis effondrée. Et toujours je me suis relevée.

Parce que la cuisine n'est pas seulement mon métier, elle est mon style de vie, inscrite dans mon ADN, ancrée au plus profond de moi.

Une dernière chose me vient à l'esprit quand je pense à toutes les personnes qui se lancent dans la restauration. J'espère ne pas trop leur faire peur. Mais je veux qu'elles puissent garder en elles une passion intacte, toujours en sachant dire « stop » aux abus. Sachez cultiver votre confiance en vous afin que la marmite ne déborde pas trop. Aussi, arrêtez de vouloir à tout prix être « parfaits » ! Lâchez prise avant que les carottes ne soient cuites ! Restez vous-même, la cuisine a besoin d'âmes, de cœur, d'imperfection, et non pas de robots automatisés, ou d'intelligence artificielle.

Épilogue

J'ai une statue en forme de Bouddha. Je l'ai eue quand j'étais adolescente, entre mes 15 et mes 18 ans. Pour être tout à fait honnête, je l'ai trimballée pendant des années, de maison en maison. Je l'ai toujours gardée. Depuis plus de trente ans. Et, non, elle n'a jamais trouvé sa place nulle part.

Je ne sais pas pourquoi je l'ai gardée, mais, je ne sais pas pourquoi non plus, je n'ai jamais voulu m'en séparer. Peut-être parce que c'était un cadeau. Une personne âgée de mon entourage me l'avait offerte, et je sentais bien que c'était important pour elle que je l'aie.

Et puis, de carton de déménagement en carton de déménagement, je l'ai fait voyager.

En fait, je ne l'aimais pas plus que ça.

Je la trouvais même moche, cette figurine du p'tit Bouddha…

Mais il n'y a pas longtemps, à l'heure où se termine l'écriture de ce livre, dans un énième déménagement de fortune, je suis retombée sur elle. Sur cette statue. Et ça m'a fait tilt !

Je l'ai posée à côté d'un autre petit Bouddha, statue qui m'a été vendue avec les murs du restaurant par l'ancienne propriétaire, une Asiatique.

Son Bouddha et le mien sont désormais ensemble. Et ma statue est devenue belle. À sa place. Elle rayonne désormais dans mon restaurant.

Jadis moche et rejetée pendant des années, ma statue est aujourd'hui parfaite là où elle est.

Et comme elle, j'ai la sensation d'être passée de l'ombre à la lumière et d'avoir enfin trouvé ma place.

Je vous souhaite de connaître un jour ce sentiment.

Je vous souhaite d'être comme cette petite statue de mon Bouddha et de trouver enfin, vous aussi, votre place quelque part dans ce si beau monde.

À un moment donné, il y aura forcément une lumière au bout du tunnel ! J'espère juste vous avoir donné un petit raccourci bien sympathique avec ma recette des « 3 R ».

Voilà. Bon appétit au buffet de la vie !

Remerciements

À Titi, qui m'a insufflé le courage et l'idée d'écrire un livre.

À Franck Nicolas qui m'a permis de rencontrer Muriel Herbert et de provoquer des *sparks* en moi ! Merci Muriel pour ton travail et de m'avoir accompagnée dans cette belle aventure.

Merci à Frédéric Veille d'avoir cru en ce projet.

À Maryam, qui m'a donné l'amour nécessaire pour continuer à avancer et m'a offert un Nouveau Départ…

À ma famille, que les nouvelles épreuves de ma vie et ce livre ont réussi à nous réunir !

À mes amis, à qui j'ai su exprimer ma vulnérabilité et qui ont répondu présent comme jamais auparavant.

Enfin, je dédicace également ce livre, à tous les « Olivier » en proie au burn-out, à vous qui connaissez si bien le burn-out. J'espère que ce livre aura été l'étincelle qui vous fera amorcer un changement bénéfique dans vos vies.